COGNITIVE THERAPY AS AN INTEGRATIVE APPROACH
Prospects for practice and research

統合的方法としての認知療法

実践と研究の展望

東　斉彰 編著

岩崎学術出版社

まえがき

　日本に認知療法，認知行動療法が導入されてから20年足らず，初めの数年こそ細々と臨床の一端を担っていたが，ここ10年程の発展は目覚ましいものがある。最近まで日本の心理療法は，クライエント中心療法と精神分析療法が中心であったが，必ずしも勢力の強くなかった行動療法が認知要因を取り込み認知行動療法として台頭してきたことを加えて，認知療法および認知行動療法としてまたたく間にわが国の中心的な療法となり現在に至っている。これほどの短期間で認知療法が大きな力を得たのはいかなる理由であろうか。

　今から100年ほど前にFreudの精神分析療法から始まった現代の心理療法は，数々の心理療法学派の誕生を経て，国際的に見ても今まさに認知療法，認知行動療法に結実しようとしている。"認知行動療法"と呼称されるがごとく，認知療法，認知行動療法は行動療法との関係が深く，行動療法の発展型と考えられることも多い。しかし，わが国では認知行動療法と称して心理療法を行っている臨床家の間にも様々な立場があり，学習理論や応用行動分析を基本概念としているものから，Beckが提唱した認知モデルを基礎としているもの，あるいは精神分析でいう前意識と同義に自動思考を扱うものまで幅広く，その理論的背景は大きく異なっているのが現状である。つまり，一つの概念としての認知療法，認知行動療法があるのではなく，様々な理論的背景，技法的多様性をもつ，統合的な方法としてのそれがあるといえる。

　2001年に発足した日本認知療法学会は，2011年9月〜10月に第11回大会を大阪にて開催した。大会テーマとして「日本における認知療法の歴史，現状，未来」を掲げ，この10年の間の認知療法の発展過程，今現在の実践と研究の状況，そして将来の方向性を展望することを念頭にプログラムが構成された。海外招聘講演としてスキーマ療法の創始者のJeffrey Young博士を招き，認知療法を深化させたその独自の方法論を論じていただいた。本書は，この第11回大会のプログラムのうち，上記のような日本での認知療法，認知行動療法の

発展過程と未来を表すような講演やシンポジウムをピックアップしたものに，新たな書き下ろしの論文を加えたものである．以下にその概略を紹介しておく．

序章では，日本認知療法学会理事長である大野が，エビデンスと倫理の観点から，日本での認知療法の発展について論じた．大野はわが国に認知療法を導入した一人であり，大所からこのテーマを展望するに最適任であろう．

第Ⅰ部第1章は，総論として東が，統合的方法としての認知療法を論じた．ここでは，心理療法としての認知療法が成立するまでの経緯をふまえ，他の心理療法との関係を考察しながら，認知療法が認識論的，方法論的に統合的な方法であることを示している．

第Ⅱ部は理論と研究として，認知療法の実践の背景となる概念や理論と，その効果や治療のプロセスを実証する研究法についての章を設けた．第2章では井上が理論的発展の概略を述べ，第3章ではYoungの海外招聘講演を元に，スキーマ療法の成立と内容，その進歩が論じられた．第4章では岩壁が，認知療法の効果やプロセス研究に有効であるとされる質的研究の役割を詳細に述べている．

第Ⅲ部では臨床的実践を提示している．まず第5章で伊藤が臨床的発展について述べた後，第6章では認知療法実践の前提となる治療関係の要因を，第7章では，境界性パーソナリティー障害などの重症例に対する実践を，スキーマ療法や弁証法的行動療法を用いて論じている．そして終章において，以上の章の論議を受けて，これからの認知療法，認知行動療法の展望を総括して論じた．

ここで，認知療法と認知行動療法という2つの名称を用いる意味について付言しておきたい．認知療法は，Beckがうつ病の心理療法として開発したもので，元々は精神分析の研究の際に，ネガティブな自動思考が感情障害の原因になっていることから，ネガティブな認知を見出し，アセスメントと自動思考やスキーマの介入により認知の再構成を図ることを方法として構築したものである．一方認知行動療法は，1950年ごろから綿々と続いてきた行動療法の理論と方法に，1960年代に刺激と反応の媒介変数としての認知が取り込まれ，機能主義的な随伴関係という基本概念の中で発展してきたものである．つまり，認知療法は状況，認知，感情の相互関係を基本とする認知モデルを，認知行動療法は環境，行動，結果の随伴性を基本とする学習理論を，それぞれ理論的背景とし

ており，その意味で理論的に異なる治療法といえる。ただ使用する技法は，認知再構成法を主とする認知的技法，エクスポージャーやソーシャルスキルトレーニングなどの行動的技法を共に用いており，技法的には区別がつかないことも多い。本書では主として前者の認知モデルを基礎とした認知療法を念頭において編まれているが，厳格にそれを守ったわけではなく，行動療法的な観点も含み込んだ認知行動療法も論点に応じて書かれていることをお断りしておきたい。

東　斉彰

目　次

まえがき　*i*

序　章　認知療法の発展に寄せて ………………… 大野　　裕　*1*
 1．はじめに　*1*
 2．3つのレベルのエビデンス　*1*
 3．おわりに　*4*

第Ⅰ部　総　　論

 はじめに　*9*

第*1*章　統合的方法としての認知療法 ………… 東　　斉彰　*11*
 1．心理療法の歴史的概観　*12*
 2．哲学から見た心理学，心理療法　*13*
 3．認知療法と他学派との関係　*17*
 4．心理療法の統合性　*20*
 5．認知療法の統合的理解　*22*
 6．まとめにかえて：統合的方法としての認知療法　*25*

第Ⅱ部　理論と研究

 はじめに　*31*

第*2*章　認知療法の理論的展開 …………………… 井上　和臣　*33*
 1．歴史・哲学的淵源　*33*
 2．Beckの着眼　*34*

3. サイコセラピーの基準　　37
4. 理論・治療の科学的基礎　　37
5. 作用機序　　41
6. 受　容　　43
7. 統合の観点　　47
8. 治療者論　　49

第3章　パーソナリティ障害に対するスキーマ療法の進歩
　………………………………ジェフリー・E・ヤング　　54
　　　　　　　　　　（監修者：伊藤絵美，翻訳者：佐々木淳）

1. スキーマ療法の定義　　54
2. 中心的な前提と幼少期の中核的欲求，大まかな目標　　54
3. 基本的なスキーマモデルの特徴　　55
4. より困難な事例と取り組むためのモードアプローチの開発　　57
5. スキーマモードの概念　　59
6. モードアプローチの適用とモード戦略　　60
7. モードに対するスキーマ療法の目標　　63
8. スキーマ療法の無作為化比較研究　　63
9. 治療的再養育法　　65
10. 例：懲罰的ペアレントモードに対する取り組み　　66
11. スーパーヴィジョンで扱うべき
　　よくある治療者の落とし穴とスキーマ　　76

第4章　認知療法研究における質的研究の役割
　………………………………………岩壁　　茂　　79

1. はじめに　　79
2. 実証的に支持を得た心理治療　　80
3. ESTsの成功率　　81
4. 効果の仕組み　　82
5. 変わりゆくエビデンスの定義　　84

6. 質的研究　*86*
7. 質的研究の目的　*88*
8. 質的研究とパラダイム　*90*
9. 質的研究のプロセスと方法　*92*
10. 量的研究と質的研究の「質」　*93*
11. 認知療法研究における質的研究の役割　*95*
12. 主観的体験とグラウンデッドセオリー法　*96*
13. 面接プロセスのモデル化と課題分析　*100*
14. 研究と実践を結ぶ系統的事例研究　*102*
15. おわりに　*104*

第Ⅲ部　臨　床

はじめに　*115*

第5章　認知行動療法の臨床的発展　………　伊藤　絵美　*117*

1. はじめに：本章のコンセプト　*117*
2. 認知行動療法の歴史的起源　*119*
3. 認知行動療法の臨床的展開　*128*
4. 様々な場での認知行動療法の実践　*131*
5. おわりに　*141*

第6章　認知療法と治療関係

………………………………………… 杉山　崇　*144*
巣黒慎太郎・佐々木　淳・大島　郁葉

1. はじめに　*144*
2. 治療関係と認知療法　*146*
3. 事　例　*149*
4. 総合考察　*162*

第 7 章　感情調節困難の認知行動療法
　　　──日本での BPD などの支援の可能性
　　　　　　　………………………………………………… 遊佐安一郎　*171*
　　　坂野　雄二・伊藤　絵美・井上　和臣・熊野　宏昭
　1. はじめに　*171*
　2. 弁証法的行動療法　*173*
　3. スキーマ療法　*183*
　4. 討　　論　*192*

終　章　認知療法のこれから ………………………… 東　　斉彰　*199*

　あとがき　*205*
　索　　引　*206*

序　章　認知療法の発展に寄せて

大野　　裕

1. はじめに

　認知療法の発展を考えるときに，認知療法はエビデンスに裏づけられた治療法であるという創始者 Aaron T. Beck の指摘を常に心にとどめておかなくてはならない。
　私が Aaron T. Beck に最初に会ったのは，彼がうつ病の認知療法の効果を実証し，パニック障害をはじめとする不安障害の治療効果の検証を始めた1980年代半ばである。そのときに彼は，うつ病のように効果が実証されている疾患に関しては治療として認知療法を提供して良いが，まだ効果が実証されていない疾患に対して認知療法を提供する場合には，実験段階であることを患者にきちんと伝え，その上で認知療法を提供すべきであると繰り返し話していた。
　私たちは，生身の患者を治療している。精神疾患に苦しんでいる患者に精神医学的治療を提供する以上，その治療にきちんとしたエビデンスの裏づけがなくてはならないという Aaron T. Beck の指摘は，ごく当たり前のことのように思える。その当たり前のことができていなければ，認知療法の発展は望めない。しかし，欧米でも日本でも，その当たり前のことができていない場合が実に多いのも事実である。

2. 3つのレベルのエビデンス

　私は，精神療法に要求されるエビデンスには少なくとも3つのレベルがある

と考えている。それは，実施している認知療法の治療効果がわが国で実証されているということ（治療効果に関するエビデンス），その治療法をきちんと身につけて効果的に提供できるということ（治療者の力量に関するエビデンス），そして，その治療法を身につける研修が効果的に行われているということ（研修の効果に関するエビデンス），である。

1. 治療効果に関するエビデンス

そこでまず，実施している認知療法を行うと症状が改善するというエビデンスについて取り上げる。これは，症状の改善を目的とした治療である以上当然のことだ。患者は，症状を改善したいと考えて受診するし，効果のある治療法を期待している。臨床家は，その期待に応える義務がある。

もちろん，治療効果のエビデンスだけでは十分でないことは明らかだ。場合によっては思うように治療が進まないこともある。しかし，治療法として行うのであれば，効果が検証されていることは最低限必要な条件だ。

ある治療法が効果的であることを検証するためには，治療マニュアルを整備しなくてはならない。うつ病に対する認知療法が広く受け入れられるようになったのも，Aaron T. Beckらがマニュアルを作成し，それに沿って治療を行って効果を実証したからだ。

秘伝として密かに伝えられた手法を使うのではなく，きちんと明文化された方法を用いて検証を行うところに認知療法の真骨頂がある。しかも，治療者が明文化されたその方法に準拠して治療を行っていることを折々にチェックする。さらに，介入群と対照群をランダム化して治療に組み込み，認知療法を用いた介入群の方に明らかに効果が出ているということを実証する。これは，効果研究の基本だが，そのためにもマニュアルの作成は不可欠である。

2. 治療者の力量に関するエビデンス

次に，第二のエビデンス，その治療法をきちんと身につけて効果的に提供するということについて説明しよう。こうしたことが可能になるためには，知識を身につけるだけでなく，実践を通して指導を受ける必要がある。つまり，講習会や本で勉強するだけではまったく不十分で，効果の実証されたアニュアル

に準拠したスーパービジョンをきちんと受けて初めて責任のある治療者になれるのである。

　講習会や本で勉強するというのは，運転免許に例をとれば，講習を受けただけで単独での路上運転を許可するようなもので，危険きわまりない。運転免許の取得には，講習を受けた後は教習所内での，そして実地での実技練習が必要である。

　同様に，認知療法・認知行動療法でも指導者から実地での個別指導（スーパービジョン）を受けることが不可欠である。こうしたスーパービジョンは，幸いなことに，わが国で受けることが徐々に可能になってきているし，海外のスーパーバイザーに翻訳した面接データを送って受けることも可能である。

　ちなみに私たちは，厚生労働省の認知療法・認知行動療法研修事業で，面接の録音・録画に基づく個人スーパービジョンを行っている。厚生労働省の研修を受ける臨床家は，それまでに十分な臨床経験を有している必要がある。また，支持的精神療法の基本スキルを身につけていて，書籍等を通して認知療法についての基本的な知識を身につけている必要がある。

　その前提の上で，ロールプレイ中心のワークショップに参加してさらに認知療法の実践的知識を高めていく。その際に用いているのが，厚生労働科学研究「精神療法の実施方法と有効性に関する研究」（平成16～21年度，研究代表者：大野裕）で効果を検証したうつ病の治療マニュアルである。マニュアルに縛られすぎるのは治療的ではないが，マニュアルに沿って治療をした方が効果が上がるということも知られている。

　こうした訓練を受けた臨床家がスーパービジョンを受けることになるが，その際には前述した効果が実証されたマニュアルに準拠して認知療法を行うことになる。患者の同意をとった上でその面接を録音（または録画）し，録音・録画データとそれを起こした文字情報をスーパーバイザーに送る。スーパーバイザーはそれを聞いた上で，スーパービジョンを行う。しかも，面接経過はベックうつ病尺度などの症状の評価尺度や，認知療法の質を評価する認知療法尺度 cognitive therapy scale などの客観的評価尺度を用いて評価していく。こうしたプロセスを経て，初めて認知療法を実践できる治療者となれるのである。

3. 研修の効果に関するエビデンス

次に，最後のエビデンスのレベルである，その治療法を身につける研修が効果的に行われていなくてはならないということについて説明をする。治療者が患者に対してエビデンスに基づいた治療をきちんと提供できるスキルを身につけている必要があるのと同様に，研修を提供する指導者は，自分自身がきちんとした方法論と経験を身につけていなくてはならない。

そうでなければ，せっかく認知療法を勉強しようという熱意に燃えている初心者に対する裏切りであるとさえ言える。自分がスーパービジョンを受けた経験があるのは当然のことである。その上で，認知療法の実践的な経験を積み，その経験をもとに研修会やスーパービジョンを提供する。さらに，経験のあるスーパーバイザーにスーパービジョンの過程を提示してスーパービジョンを受けることが望ましい。

3. おわりに

私がここまで，当たり前とも思えることを長々と書いてきたのは，ここに書いたようなエビデンスを大切にしてきたからこそ認知療法が信頼され，発展してきたと考えるからである。決して場当たり的でない，秘伝の術でもない，再現性と信頼性がある治療的アプローチであったからこそ，認知療法は発展してきたのである。

エビデンスと言うときに，もう一つ忘れてならないのは，私たちがわが国で実証したエビデンスという点である。認知療法はエビデンスが実証された治療法であると自明の理のように主張されることがあるが，これまで報告されたのはほとんどが海外でのエビデンスである。それをあたかも日本での成果であるかのように言うことは間違っている。

海外で実証された治療法が，社会文化的背景の違う日本で同じように効果があるのかは，改めて検証されなくてはならない。脳に一律に働くかのように思われる向精神薬療法であっても，海外とわが国とのデータが異なることは珍しくない。社会文化的背景の影響をより強く受けると考えられる精神療法では，薬物療法以上に慎重にわが国での有用性の検証が不可欠だ。本書で紹介されて

いる新しい治療法がわが国に根づき発展していくためには，ここまで書いてきたような地道な検証作業がこれから必要になる。その第一歩を記したという点に本書の意義があると，私は考えている。

　最後に，エビデンスというと冷たい感じを受けると言う人もいるが，私はそれは，臨床的責任を実証するきわめて人間的なものであると考えている。私たち臨床家が治療し，指導するのは，いまを一生懸命生きている患者であり，まだ若い治療者である。私たち臨床家は，その人たちの人生に対する責任を負っているのである。エビデンスに支えられた医療倫理，治療倫理を忘れたところに認知療法の発展はないことを強調して，本稿を終えることにしたい。

第Ⅰ部

総　論

はじめに

　序で述べたように，認知療法は Beck が提唱してから約 40 年，日本に導入されてからまだ 20 年足らずの比較的新しい心理療法であり，現在ではすでに世界標準，日本でも心理療法業界の過半を占める勢いとなっている。一方で，行動療法の発展型としての認知行動療法は，理論的，方法論的には学習理論や行動分析などを用いて，Beck の認知療法に先立って発展してきている。では，認知療法や行動療法はどのような背景の元に生まれ，いかなる概念（考え方や方法論）をその基礎にもっているのだろうか。第Ⅰ部 1 章では，精神分析療法，行動療法，クライエント中心療法といった従来の心理療法のみならず，心理学一般の概念の背景にある考え方，すなわち認識論を哲学（特に科学哲学）の観点から説き起こし，それを元に先の三大療法との関連を探り，認知療法の概念的基礎を明らかにする試みを行っている。

　一方心理療法には，世界的水準では認知療法，認知行動療法の流れと同時に，各心理療法の理論や技法を複合的に適用しようとする統合・折衷的心理療法の流れが存在する。上記の論議から導かれて，認知療法も統合的な方法の一つであることを論じることも第 1 章の重要な論点である。

　第 2 章以降の各論に入る前に，第 1 章では認知療法を大局的に眺め，他の心理療法との関係を相対的にとらえることで，本書を貫く現代から未来の認知療法を展望する役割を果たしたい。

第1章　統合的方法としての認知療法

東　斉彰

　「認知療法はすぐれて統合的な心理療法である」。これが本章で筆者が言いたいことである。日本に認知療法が導入されてわずか15年ほど，すさまじい勢いでわが国の心理療法の世界を席巻しつつある。欧米では既に1970年代から起こり今やグローバル・スタンダードになっているとはいえ，なぜかくも短時間でこれだけ日本でも浸透していったのか。これには，マニュアル化されて適用しやすく治療効果が優れているといった実際的要因の他に，現代の心理療法に合った要因が内在化しているはずである。それは，概念の奥に潜む認識論の問題かもしれないし，人間そのものを指す存在論的なものかもしれない。あるいは，現代という時代を映し出す時代的パラダイムも含んでいる可能性がある。

　本章では，このような認知療法のもつ可能性に焦点を当て，方法としての認知療法を総合的に論じてみたい。最初に，認知療法が成立するまでの心理療法の展開の経緯を概観し，特に精神分析療法，行動療法，クライエント中心療法の概念と構造を提示する。次に，臨床心理学や心理療法の方法を含んだ心理学の考え方（認識論）を，哲学的見地から考察し，人間のとらえ方についてまとめる。そして，このような認識論的問題を踏まえた上で，改めて認知療法のその他の心理療法との関係を整理し，その結果認知療法は他の心理療法の歴史的展開を追って統合的に発生し，完成した方法であることを結論づけたい。

　本章では特に，認知療法と認知行動療法を区別し，後者は伝統的な行動療法が認知的要因を取り込んで発展したもの，前者はAaron T. Beckが創始したスタンダードな認知療法であると定義し，ここでは前者の認知療法を統合的な心理療法ととらえて論じることを断っておきたい。

1. 心理療法の歴史的概観

1. 精神分析療法

1900年前後に創始されたとされる精神分析療法は，それまでどこか非現実的で非科学的であった心理療法を，物理学や生物学をモデルとした科学的な心理療法として確立したと言われている。その主要原理は，無意識の存在を仮定すること，乳幼児期を中心とした発達的観点をもつこと，心の構造と機能を解明することなどであろう。その理論的構成は多岐にわたり，無意識，前意識，意識や，エス，自我，超自我といった部分を想定する構造論や，それらの部分の相互作用を描き出す力動論，防衛機制を中心とした自我の環境への関わりを考える適応論などの多層的な理論体系をもつ。精神分析療法はFreudが創始して以来，対人関係論，自我心理学，対象関係論，中間派，自己心理学，関係精神分析などの理論的，方法的発展を見るが，認知療法との関連では，対人関係論と自我心理学が重要となる。Beck自身，認知療法を創始する前に対人関係学派の訓練を受けており，Adler, Sullivan, Horneyといった対人関係論者は，Freudが強調した欲動よりも認知機能を重視している。また，自我心理学も意識や意識に近いところの認知機能を重視する考え方である。

2. 行動療法

行動療法は他の心理療法学派と異なり，学習心理学という基礎・実験心理学を起源にもつ。古典的な学習理論はS-R主義と言われ，個体内の要因は問わずに刺激と反応との関係だけに言及する。Pavlovが提唱した古典的条件づけ，Skinnerらが提唱したオペラント条件づけが学習心理学の二大理論とされ多くの実験的研究が行われ，初期の行動療法もそれらの基礎理論の応用としての系統的脱感作やオペラント条件づけ法をその中心技法とした。1970年代になって，ネガティブな反応に拮抗的に条件づけられる刺激や嫌悪的な事象を心像（イメージ）として想像させる潜在的感作法（Cautela, 1970）が開発されたり，人は単に刺激に反応しているのではなく刺激を解釈しているのであり，他者の行動や情動を見ることによって学習するとするモデリング理論（Bandura, 1977）が提唱されるなど，媒介要因としての認知過程が理論化されるようになった。

現在の行動療法は，一方は認知的要因を取り込んだ認知行動療法として，一方では刺激，反応，環境変化の三項分析を扱う応用行動分析としての発展を見ている。

3. クライエント中心療法

行動療法がその方法を確立した1950年前後，ほぼ時を同じくしてRogersがクライエント中心療法を提唱した。それは，精神分析療法のように無意識を想定することもなく，行動療法のように人間の内部をブラックボックス化して環境と行動の関係のみを扱うのでもなくて，体験的，現象学的な自己理論を根拠とする方法である。不適応状態にあるクライエントは，自己概念（自分の状態への知覚）と経験とが不一致状態にある。セラピストはクライエントが体験する思考，感情，感覚に無条件の肯定的関心を示し，感情移入的理解（共感）を伝える。同時にセラピストは純粋で自己一致した態度を提示し続けることで，クライエントが次第に自己一致状態に向かうと考えた。また，そのような適応的状態へ向かう前提として，クライエント自らが成長し，可能性を実現することをセラピストが信頼することが重要であるとする。

クライエント中心療法は，精神分析療法や行動療法の治療機序とは異なり，セラピストの態度を元にした治療関係そのものが治療的効果をもつことが特徴的である。そのため，治療場面におけるセラピスト-クライエントの今ここでのやり取りがそのまま変化を及ぼすことになる。

2. 哲学から見た心理学，心理療法

現代の科学的心理学は，1879年にWundtがライプチヒに心理学実験室を創設したことから始まったとされている。しかし，ヒトの心を対象として探究する心理学という学問は，人類の誕生と共に始まったといってよい。古くギリシャ時代から人間の心を探究する試みがあり，現在まで綿々と続いている。それは哲学という学問体系である。本節では，心理学を哲学の立場から，特に認識論的見地から見ることを通して，心のとらえ方の本質を論議することとする。

1. 心理学，哲学による「説明」と「理解」

　Wundtの実験心理学から行動主義，現在の認知心理学へと至る現代の科学的心理学の系譜の元には，19世紀の実証主義から20世紀の論理実証主義へと至る科学哲学思想が流れている。そこでは物理学や化学などを代表とする自然科学が背景となっている。一方，自然科学に対して人間科学の構想を呈したのは，20世紀前半に活躍したディルタイであった。ディルタイによると，「われわれは自然を説明し，心的生を理解する」とされ，精神科学の方法は理解（もしくは了解）であり，説明には還元できないと論じられる（渡辺，2002）。ここで言う説明とは，法則的因果的説明を指す。つまり物質としての実体に対して何らかの法則を定立し，因果関係によって把握するということである。一方理解（了解）は，理由，目的，意味連関による把握のことで，ヒトに内在する生のカテゴリー（自己同一性，価値，意味，構造，時間性といったもの）を把握する働きを指している。

　理解（了解）と説明の順序的関係は以下のようなものになる。自己意識の体験に基づいて自己同一性という概念が生成され，それが抽象化されると実体（事物）の概念になる。一方，抵抗の体験に基づいて能動と受容の概念が生まれて，それが抽象化されると因果性の概念になる（渡辺，2004）。つまり，実体（事物）や因果性の元に理解があり，理解は説明よりも根源的であるということになる（丸山，2002）。

　それでは，自然科学と人間科学の関係を，理解と説明の概念から整理するとどのようなものになるだろうか。ディルタイは，自己の体験の認識論的構造を解明する「認識論的自己省察」を記述的心理学と呼び，精神科学の全体を基礎づけるものとした。自己の体験（生のカテゴリー）が他者へ転移されると，他者の行為・表現を理解することになり，一方自己体験が派生されたものが自然認識のカテゴリーとなり，自然を認識できることとなる。前者が理解の概念つまり精神科学となり後者が説明の概念つまり自然科学として結実する（渡辺，2004）。以上の構造を図示すると**図1**のようになる。

　さて，ディルタイの論拠をもとに説明に対する理解（了解）の優位性と根源性を主張してきたが，科学哲学上の認識論的展開上はそのようなとらえ方のみが唯一絶対のものではない。科学哲学と心理学の歴史的展開は19世紀末から

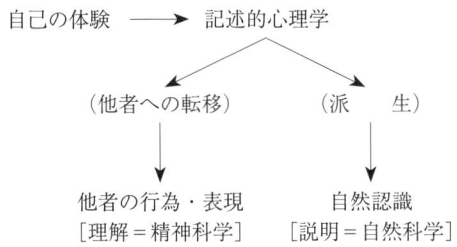

図1 科学における理解と説明（渡辺，2004を一部改変）

現代まで同時に進行してきた感があり，実証主義やプラグマティズムの発展としての論理実証主義の流れと，ディルタイの精神科学から解釈学（ハイデガーやガダマー）の流れが並行して論じられてきた経緯がある。心理学でいう行動主義や認知主義，臨床的には行動療法，認知療法の前提は論理実証主義にあり，精神分析療法や人間性心理学の前提は解釈学にあると一般的には考えられるが，それぞれの方法や理論は，各学派がもつ概念的前提や，特にそれぞれの創始者（たとえばSkinnerやWolpeやBeck，FreudやRogersなど）がもつ認識論にすぎないともいえ，それらの方法を使う臨床家一人一人の認識論とは大きく異なる可能性がある。つまり，行動療法を使う臨床家の中に解釈学的認識論をもつ者がいたり，精神分析療法を使う臨床家の中に論理実証主義的認識論をもつ者がいることも十分に考えられる。絶対的に正しい方法や考え方があるわけでなく，使う臨床家によって認識の仕方，つまり人間のとらえ方は様々であるということである。

2. 認識論と方法論から見た人間のとらえ方

ここまで論じたような，理解と説明の観点を中心に述べた認識論のとらえ方の他に，方法論の観点からの心理学のとらえ方がある。渡辺（2002）は，方法論による観点を，人間を見る際の態度として考え，以下のように認識論と方法論の観点から心理学を二次元上に配置することを試みた。すなわち，ここでいう認識論とは，一人称で見るか三人称で見るかの視点の違いであり，それは自己の心理学か他者の心理学かということになり，言い換えるならば主観と客観

16　第Ⅰ部　総　論

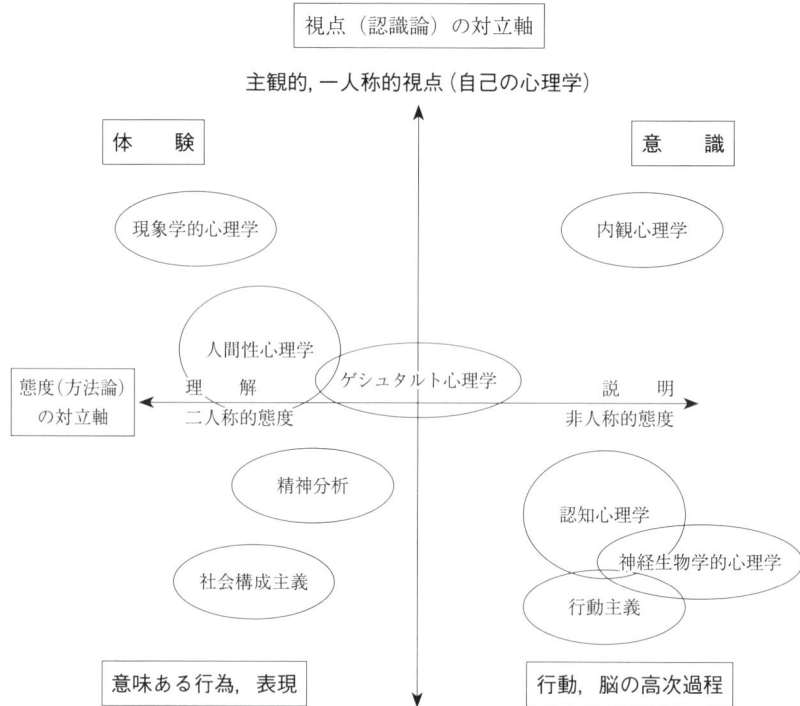

図2　認識論，方法論から見た心理学の位置（渡辺，2002を一部改変）

にそれぞれ対応する。また方法論とは，対象を非人称的に扱うか，二人称的に扱うか，つまりここまで紹介したような説明的か理解的かということに相当する。これを図示したものが図2である。この図でいうと，最も主観的で理解（了解）的な心理学は現象学的心理学で，最も客観的で説明的な心理学は行動主義や神経生物学的心理学ということになる。精神分析は方法論的には理解を主とするが，認識論的には客観的であることがわかる。人間性心理学は同じく方法論的には理解が主であるが，精神分析ほどには客観的ではないということになる。本書の主題である認知主義（認知心理学）は，方法論的には説明的であるが，認識論的には行動主義ほど客観的とはいえないということになる。

3. 認知療法と他学派との関係

　ここまで，心理療法の主要な方法である精神分析療法，行動療法，クライエント中心療法の特徴を概説し，次いで哲学から見た人間のとらえ方を解説して，認識論的見地，方法論的見地からの科学観を考え，心理学を自然科学としてとらえる見方と人間科学としてとらえる見方を対比させた。本節では以上の見解を元に，上記の3つの心理療法と認知療法との関係をまとめてみたい。

1. 認知療法と精神分析療法

　認知療法の理論的基礎となるのは認知モデルである。つまり，人の感情や行動は，その人の出来事に対する理解の仕方によって影響を受ける（Beck, 1995）ということである。認知モデルに基づくアセスメントとしての認知的概念化では，状況，自動思考，感情・行動の他に，信念や埋め合わせ戦略，幼少期の体験を階層的に概念化する（図3）。セラピストの教示や訓練により比較的意識化しやすい自動思考に対して，自動思考の元にあり意識化しがたく，幼少期の体験とも関連する信念が想定されており，階層的構造をなしている。精神分析療法は意識，前意識，無意識，あるいはエス，自我，超自我という構造論的視点を有しており，認知的概念化と類似している。認知療法ももちろん認知や感情や行動と環境との相互作用を重視する点で機能論的観点も有するが，やはり階層的な認知構造を想定していることが概念的基盤となっている。

　一方，精神分析療法はFreudの創始したものから多くの発展を遂げ，対人関係論，自我心理学，対象関係論，自我心理学，自己心理学などがそれぞれの理論を展開している。その中でも認知療法は，先述したように自我心理学，対人関係論との関係が深い。対人関係論は，Freudが提唱した生物学的な概念（リビドーや口唇等の固着点など）よりも，実際の対人関係的な相互交流を中心とする社会，文化的な観点を重視する（Erikson, 1959）。また自我心理学は，本能的なエネルギーの源泉であるエスよりも，知覚，思考，記憶，判断などの役割をもつ自我の自律的，適応的機能を重視する。指示的な方法である認知療法を適用する際に精神分析的視点をもつことは，認知，感情，行動の間の関係をダイナミックにとらえ，自動思考の背後にある信念やスキーマを構造的にとら

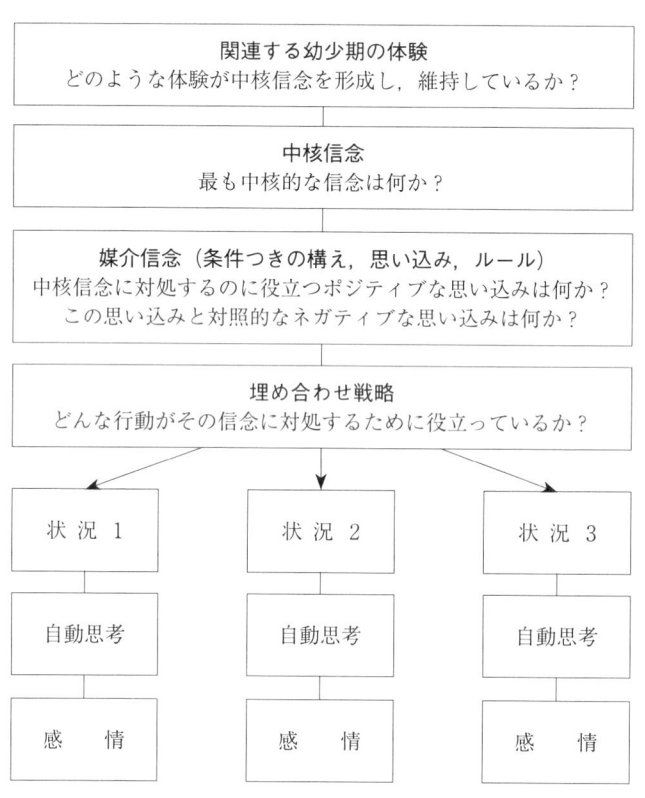

図3 認知的概念化図

えることに結びつく。そうすることにより，定型的なアセスメントに基づき技法介入的になりがちな認知療法の方法に，力動的で生き生きしたケース展開をもたらしてくれるだろう。

2. 認知療法と行動療法

　行動療法の基礎となる理論モデルは，1920年ごろにアメリカで発生した学習心理学である。既述の古典的条件づけ，オペラント条件づけを基礎として，前者からは系統的脱感作法や嫌悪条件づけ法などが，後者からはオペラント条件づけ法やトークンエコノミー法などが開発された。また1930年代以降，刺

激 - 反応の間に媒介反応としての認知的要因が想定され（Tolman, 1932; Bandura, 1977），認知行動療法として発展している。一方，認知療法の基礎理論は認知モデルである。それは，ある状況に対する認知（思考やイメージ）が感情や行動を決定するという考え方である。基礎心理学の分野では，それまで（1950年代）主流であった行動主義理論（S-R 理論）から認知心理学へとシフトしている。認知心理学は人間の認知機能（知覚，記憶，思考など）を扱い，情報処理モデルに立つことにその特徴がある（市川他, 1996）。そこでは，行動主義のように人間の内部をブラックボックス化して，環境としての刺激に対する反応を取り上げるという考え方に対して，人間の内部の認知を想定し，刺激の入力 - 認知 - 反応の出力という一連の情報処理過程と考える。認知療法の基礎理論である認知モデルも，刺激入力と反応出力の間に思考（認知）が介在するという情報処理過程を想定しており，認知心理学と同様の考え方であるといえる。しかし Beck は直接認知心理学の知見から認知モデルを考案したのではなく，この2つの理論は直接関係がない（Teasdale, 1993; Rackman, 1997）。むしろ Beck は，理論的（演繹的）に認知療法を構築したのではなく，実践の中から治療モデルを考案したといえるだろう。

　以上のように認知療法は行動療法とは理論的には異なるが，一方で行動療法から多くの技法を取り入れている。認知療法で使う行動的技法には，段階的エクスポージャー，行動スケジュール法，行動実験，ロールプレイなどがあるが，いずれも行動理論（学習理論）に基づいて行動を変容するのではなく，行動に焦点を当てて介入することで，結果として認知を変容することが目的である。

3. 認知療法とクライエント中心療法

　認知療法は指示的方法，クライエント中心療法は非指示的方法であることから，対照的な立場であると一般的には言われている。認知療法は狭義では認知主義で，行動療法のような徹底した機能主義的な考え方ではなく，人が考える思考の意味をとらえて介入する方法を取る。また広義では論理実証主義の考え方で，論理的で整合性のある理論モデルに基づいて，治療によって得られた効果や変数を数量化したり質的に分析して，治療の効果やプロセスを公共的に用いていく立場を取る。一方クライエント中心療法は，体験的，現象学的方法で

ある。すなわち，他の心理療法のように理論的背景を元に概念化してケース理解をするのではなく，理論による先入見を捨てクライエントの言動や行動をありのままにとらえ理解する姿勢を取る。認知モデルを基礎としてケースを概念化し定型的な技法介入を行う認知療法とはこの点で対照的である。

　クライエント中心療法は，自己不一致状態にあるクライエントの人格変化を及ぼす条件として，クライエントが体験する思考や感情や感覚に無条件の肯定的関心を向けること（受容），それに感情移入的理解を伝え（共感），それらの基礎としてセラピストが純粋な態度を提供し続けること（自己一致）を挙げている。このような傾聴的態度を取ることが特徴的であり，必然的に治療関係の重要性が浮かび上がることになる。一方認知療法では，クライエントとセラピストが共に問題を探索し，認知的概念化の作業を進め，適切な技法を用いることで協調して治療を進める共同的経験主義と呼ばれる治療態度を重視する。クライエント中心療法で重視する関係性と認知療法で言うところの共同的経験主義は，クライエントを尊重するという点で共通するものがあると言える。また，経験と自己概念の不一致という不適応状態は，思考の体験としての非合理的認知による不適応状態と類似した概念であるといえるだろう。

　以上見てきたように，認知療法とクライエント中心療法は哲学的，理論的には大きく異なるが，治療者の態度や関係性については治療の根底をなすものとして大きな影響を受けており，治療過程を促進するものとなっていると結論づけられる。

4. 心理療法の統合性

　ここまで述べてきたように，心理療法はここ100年あまりの間に次々と新しい学派が加わり，アメリカでの調査によると200以上の種類が数えられ，日本でも数十種類に上ると思われる。そして精神分析療法，行動療法，クライエント中心療法（広義の人間学的方法）の三大療法，そして1960年代に形成された家族・システム・コミュニケーション論的な心理療法を元に，その後の治療法はこれらの特徴を総合したり組み合わせたかたちで発展したものがほとんどである。たとえば，交流分析療法は精神分析療法の口語版と言われ，行動理論

や人間学的方法，あるいはグループ理論が組み合わされたものといえるし，論理情動行動療法も精神分析療法，行動療法，人間学的方法が総合されたものである。比較的新しいと言われる方法のうち，フォーカシング指向心理療法はクライエント中心療法の，ブリーフセラピーは家族・システム・コミュニケーション論的な心理療法の発展版と言えるだろう。

　一方，新しい学派を開発することとは異なり，1970年代ごろから既存の心理療法を理論的に統合したり技法的に折衷するといった統合的，折衷的心理療法を標榜する臨床家も現れた。統合・折衷的心理療法には以下の4つの分類がある。

1. 理論統合アプローチ

　心理療法の各理論における人格理論や適応論，治癒メカニズムなどを基準にして理論を併合し，新しい理論的概念を構築して方法論を整備する立場である。Wachtel が提唱した循環的力動療法（精神分析的な心理力動論と，顕在的な行動に焦点を当てる行動療法との統合）や（Wachtel, 1997），Prochaska らの超理論的心理療法（時間的ないし動機づけ的な変化のステージと，顕在的行動や深層的心理状態などを示す変化のレベルからの統合；Prochaska & DiClemente, 1992）といったアプローチがある。

2. 技法折衷アプローチ

　学派の理論にはこだわらず，クライエントの問題を的確に見立てた上で，有効と思われる技法を選択し適用する。ただ闇雲に技法を適用するのではなく，綿密で整合性のあるアセスメントの元に治療を進めていくことに特徴がある。代表的なアプローチとして，Lazarus のマルチモード療法がある。問題を行動，感情，感覚，イメージ，認知，対人関係，薬物／生物学的問題の7つのモードに分けてアセスメントし（各モードの頭文字をとって BASIC I.D. と通称される），それぞれのモードに適合した技法を選択し介入する。技法折衷アプローチには，他に体系的折衷療法（Beutler & Consoli, 1992），処方箋折衷療法（Norcross, 2002）などがある。

3. 共通要因アプローチ

　異なる治療学派に共通する効果要因や治癒メカニズムを分析し，それを用いることで効果をあげようとする方法である。たとえばGarfieldは精神分析療法，行動療法，クライエント中心療法に共通する治癒要因として治療者の激励，助言，保証，共感と傾聴，支持と是認，誠実さを挙げている。また，どの治療学派によっても治療が成功すると自己効力感（self-efficacy）が増加することを見出し，効果についても共通の要因があると提唱している（Garfield, 1980）。

　共通要因アプローチの考え方からは，従来の心理療法の理論や技法に従う必要はなく，各療法に共通する治癒要因を組み立てて治療を行えばよいことになり，学派を打ち立てなくてもよいことになる。

4. 同化的統合アプローチ

　一つのアプローチに，他のアプローチを慎重に取り入れる方法である。セラピストが本来依拠する一つのアプローチに，臨床上有効と思われる他の一つあるいはその以上のアプローチを組み込み，まとまった一つの心理療法として実施する。たとえばMesserは，行動療法を基本としながらゲシュタルト療法の技法を取り入れたり，精神分析療法を基本的枠組みに据えて，認知，行動的介入をすることなどの方法を提唱している（Messer, 1992）。

　日本での学会発表のケースや，事例検討会などで聞く際にも，セラピストはある一つの心理療法を標榜して治療を進めていても，他の心理療法の要因が混在していることが多い。発表者自身はそのことを意識していなくても，知らず知らずのうちに同化的統合を遂行していることになり，臨床実践を行っていると自然とそのようなアプローチになるのではないかと思われる。

5. 認知療法の統合的理解

　ここまでの節で，100年あまりに及ぶ心理療法の成立と展開について，三大療法を中心に概観を述べ，それらの統合性を統合・折衷的心理療法の考え方を交えて述べてきた。そして，認知療法がそれらの療法とどの点で異なり，どの点で共通しているかについて考察を加えた。

本節では，このような比較検討の中で，認知療法が心理療法の中でどのような位置を占めるのかについて考え，その統合性を明らかにしていきたい。

1. 理論，技法，態度の統合性

3節で述べたように認知療法は，精神分析療法，行動療法，クライエント中心療法などと理論的，技法的に類似していたり，まったく異なる体系をもっていることなどを例示してきた。

精神分析療法や交流分析療法とは理論的に類似しており，行動療法やクライエント中心療法，フォーカシング指向心理療法とは理論が異なる。一方，行動療法とは理論とは無関係に多くの技法を援用し，一般的に認知行動療法と呼ばれるほどに恩恵を被っている。また，クライエント中心療法からは受容，共感的姿勢を伴う傾聴的な態度をセラピストが取るという意味で影響を受けている。認知療法は，既存の心理療法から理論的影響を受け，治療上有効な技法を多く取り入れて活用し，セラピストの態度という非特異的な要因を受け継いで発展した統合的方法といえるだろう。

2. 症状や精神病理との関係

心理療法は学派によって効果をあげる疾患や病態水準が異なっている。たとえば，神経症のうち社交不安障害や空間恐怖などの恐怖症性疾患は行動療法が，転換性障害などのヒステリー性疾患は催眠療法が，またパーソナリティー障害など人格傾向の障害には精神分析的心理療法（広義の精神分析療法）が効果をあげると一般的に言われている。一方，統合失調症など重篤な精神病理の場合は精神分析療法は禁忌とされることが多く，むしろ外顕的な行動を扱う行動療法的治療（ソーシャルスキルトレーニングなどを含む）が用いられることが多い。

各心理療法の側から見ると，精神分析療法は比較的若年の神経症水準（不安障害など）からパーソナリティー障害，行動療法は不安障害の他発達障害や統合失調症などの外顕的な行動を変容することを得意とする。家族療法は不登校や摂食障害，問題行動といった思春期〜青年期の心身症や行動障害に効果を発揮する。

認知療法は，神経症，パーソナリティー障害，統合失調症，発達障害，また

年齢層も学童から老年まで，ほとんどすべての対象に適用可能である。症状のあり方やクライエントの発達段階，精神病理の深さにより，行動的技法，認知的技法，感情的(体験的)技法，信念やスキーマレベルの介入といった柔軟で広範な方法を用いる。これは，他の心理療法がもつ様々な病理水準や技法介入を含んでいるからであるといえるだろう。ここにも認知療法が優れて統合的な意味合いをもつことが示されている。

3. 認知へのアクセスのしやすさ

心理療法では，認知，感情，行動，感覚などを対象としアプローチする。たとえば認知は認知療法や論理情動行動療法が，感情は精神分析療法やクライエント中心療法が，行動は行動療法が，主に対象としてきた。心理療法に多くの学派があり，それぞれに焦点づけられるポイントが異なるのは，人間にはそれだけ多くの異なる要素があり，介入すべきものも多様であるからであろう。認知療法の成立以前には，精神分析療法が認知の領域を扱ってきたと思われる。精神分析療法は一般的に欲動などの感情，動機づけの要素を対象にしてきたと思われているが，それらと同時に認知を扱うことも多く，自我心理学は思考や知覚，判断の中枢としての自我に焦点を当てている（Tyson & Tyson, 1990）。認知療法が自我心理学から影響を受けているのはこの点から必然性がある。4節で述べた統合・折衷的心理療法の各方法の中でも，認知（次いで行動）に焦点を当てた介入法が多く，心理療法において認知が重視されていることがわかる。認知療法は，心理療法の中で最も中心的な要素である認知に焦点を当てた統合的な方法なのである。

4. 他の諸科学の視点

認知療法は心理療法の一形態であり，心理療法は科学的方法をもつ治療法である。すなわちそれは，その上位概念である哲学的思考の一つのかたちであると言える。既述のように，認知療法は認識論的には行動療法と同じ論理実証主義，機能主義の立場を取る。一方，心理学的な介入の対象としては，行動療法のような行動主義ではなく認知主義である。ただし，基礎心理学のような科学的な認知主義ではなく，Beckが治療実践の中から見出した素朴心理学的な認

知主義と言えるだろう（東，2011）。また，2節で述べたように，科学には自然科学に代表される説明という認識の仕方と，人間科学に代表される理解（了解）という認識の仕方がある。認知療法は，環境，思考，感情，行動の機能的関係を論理的にとらえるという点では説明としての認識論を，思考を意味論的な認知のあり方としてとらえる点では理解としての認識論を採用しており，ここにも認識論的な統合がなされていることが見て取れる。

　Beckは，1990年前後の認知療法の発展に際して，他の心理療法学派からよりも，最新の認知心理学や社会心理学，進化生物学などの影響を多く受けていると述べている（Beck, 1991）。つまり，認知療法は100年あまりの心理療法の発展を統合しただけでなく，哲学や人文科学，自然科学などの学際的な諸科学を網羅し統合したものと言えるのではないだろうか。

6. まとめにかえて：統合的方法としての認知療法

　ここまで，心理療法の概念と方法を，主として精神分析療法，行動療法，クライエント中心療法について概観し，それらと認知療法との関係について論じてきた。その際，人間の心を対象としてとらえる根源的方法として，哲学的な認識論を適用し，説明と理解という2つの観点からの接近を試みた。繰り返しになるが，説明とは事象を法則的，因果的に説明すること，理解とは理由，目的，意味連関に基づくものであり，それぞれ説明科学，精神科学に相当する。人が心を認識する最初の体験は自己の体験であり，それが抽象化されることで実体を認識できるようになる。すなわち，心という対象を認識する働きは，理解が説明よりも根源的であることをここで改めて確認しておきたい。

　心理療法には，統合・折衷的心理療法という分野があり，前述の三大療法を中心とした様々な心理療法の理論を統合的に再編成したり，技法を組み合わせて適用する方法があることを論じた。認知療法は認知モデルという理論的基礎に基づく単一の心理療法であるが，その背景に複数の認識論をもつこと，他学派の多くの技法を使用すること，治療者のもつべき関係論的な態度要因をもつことなどから，既存の治療法を統合した治療法であることが確かめられた。さらに，心理療法の範疇だけでなく，多くの学際的な分野も含み込む複合的な方

法であることが論じられた。

　別の観点であるが，筆者は認知療法を実践する3つのキーワードとして，エビデンス，ナラティブ，リレーションを挙げて他書で論じたことがある（東，2011）。エビデンスとは治療の進め方や効果などが実証されていて，公共的に使用され，実用的であること，ナラティブとはクライエント個人個人がその人独自の生き方，生活の仕方をもち，歴史を紡いでいることを尊重すること，リレーションとはクライエントとセラピストが同じ人間同士として同じ空間で出会い，関わり合い，相互関係をもつことを指している。この3つの要因をバランスよく配置することによって，クライエント個人，セラピストをも含んだクライエントを取り巻く関係性，そして第三者や社会全体の公共的福祉に認知療法が貢献する土台ができることになると思われる。

　第2章以下の本書全体に表されているように，認知療法は理論，臨床実践，研究としての深化と広がりを見せ，その中に様々な認識論，方法論を含み込みながら，現在の姿を表在させている。本書は急速に発展してきた日本での認知療法を，過去，現在，未来にわたって俯瞰する試みでもある。

文　献

1) 東斉彰（2011）：統合的観点から見た　認知療法の実践——理論，技法，治療関係．岩崎学術出版社，東京
2) Bandura, A.（1977）：*Social Learning Theory*. Prentice Hall, New Jersey. 原野広太郎監訳（1979）：社会的学習理論——人間理解と教育の基礎．金子書房，東京
3) Beck, A. T.（1991）：Cognitive therapy as the integrative therapy. *Journal of Psychotherapy Integration* 1, 191-198
4) Beck, J. S.（1995）：*Cognitive Therapy: Basics and Beyond*. Guilford Press, New York. 伊藤絵美・神村栄一・藤澤大介訳（2004）：認知療法実践ガイド　基礎から応用まで——ジュディス・ベックの認知療法テキスト．星和書店，東京
5) Beutler, L. E. & Consoli, A.（1992）：Systematic eclectic psychotherapy. In: J. C. Norcross & M. R. Goldfried（eds.）*Handbook of Psychotherapy Integration*. Basic Books, New York
6) Cautela, J. R.（1970）：Treatment of smoking by covert sensitization. *Psychological*

Report 26, 415-420

7) Erikson, E. H. (1959): *Psychological Issues: Identity and the Life Cycle*. International Universites Press, New York. 小此木啓吾訳編（1973）：自我同一性——アイデンティティとライフ・サイクル．誠信書房，東京

8) Garfield, S. L. (1980): *Psychotherapy: An Eclectic Approach*. John Wiley & Sons, New York. 高橋雅春・高橋依子訳（1985）：心理療法——統合的アプローチ．ナカニシヤ出版，京都

9) 市川伸一・伊東裕司編著（1996）：認知心理学を知る［第3版］．ブレーン出版，東京

10) 丸山高司（2002）：人間科学の方法論争．渡辺恒夫・村田純一・高橋澪子編　心理学の哲学．北大路書房，京都

11) Messer, S. B. (1992): A critical examination of belief structures in integrative and eclectic psychotherapy. In: J. C. Norcross & M. R. Goldfried (eds.) *Handbook of Psychotherapy Integration*. Basic Books, New York

12) Norcross, J. C. (2002): Prescriptive eclectic psychotherapy. In: G. R. Vandenbos, J. Frank-McNeil, J. C. Norcross & D. K. Freedheim (eds.) *The Anatomy of Psychotherapy*. American Psychological Association. Washington, D.C. 岩壁茂訳（2003）：心理療法の構造——アメリカ心理学会による12の理論の解説書．誠信書房，東京

13) Prochaska, J. & DiClemente, C. (1992): The transtheoretical approach. In: J. C. Norcross & M. R. Goldfried (eds.) *Handbook of Psychotherapy Integration*. Basic Books, New York

14) Rackman, S. (1997): In: D. M. Clark & C. G. Fairburn (eds.) *Science and Practice of Cognitive Behaviour Therapy*. Oxford University Press, Oxford. 伊豫雅臣監訳（2003）：認知行動療法の科学と実践．星和書店，東京

15) Teasdale, J. D. (1993): Emotion and two kind of meaning. *Behavior Research and Therapy* 31, 339-354

16) Tolman, E. C. (1932): *Purposive Behavior in Animals and Men*. Century, New York. 富田達彦訳（1977）：新行動主義心理学——動物と人間における目的的行動．清水弘文堂，東京

17) Tyson, P. & Tyson, R. L. (1990): *Psychoanalytic Theories of Development: An Integration*. Yale University Press, New York. 馬場禮子監訳（2005）：精神分析的発達理論の統合①．岩崎学術出版社，東京

18) Wachtel, P. L. (1997): *Psychoanalysis, Behavior Therapy, and the Relational World*. American Psychological Association, Washington, D.C. 杉原保史訳（2002）：

心理療法の統合を求めて——精神分析・行動療法・家族療法．金剛出版，東京
19) 渡辺恒夫（2002）：心理学の哲学とは何か．渡辺恒夫・村田純一・高橋澪子編　心理学の哲学．北大路書房，京都
20) 渡辺恒夫（2004）：マインドサイエンスの歴史と未来．石川幹人・渡辺恒夫編　入門・マインドサイエンスの思想——心の科学をめぐる現代哲学の論争．新曜社，東京

第Ⅱ部

理論と研究

はじめに

　第Ⅱ部は認知療法の理論的側面および研究的側面を論じることになる。心理療法には必ずその基礎となる理論的根拠がある。多くの学派はそれ独自の理論をもっており，一部の学派はある基礎理論の応用としての性質をもっている。たとえば精神分析療法やクライエント中心療法は，それらを創始した FreudやRogers が基礎概念や理論，技法をほぼ同時に形成していったのにたいして，行動療法はそれ以前から存在した行動理論（正確には学習理論）を臨床応用した療法であるといえる。認知療法は，基本となる理論は認知モデルであるが，基礎心理学の認知心理学とは異なるもので，Beck が認知療法の概念を形成する際に準拠したモデルである。しかし，情報処理モデルの概念で認知過程のメカニズムを説明した点で認知心理学のパラダイムと同様の理論構成となっており，あながち無関係とはいえない事情がある。その上，認知療法は行動療法と相まって，近年ではマインドフルな態度を取り込んで，マインドフルネス認知療法，弁証法的行動療法（DBT），アクセプタンス・アンド・コミットメントセラピー（ACT）などの新しいセラピーとして発展している。

　第2章でまず井上が，認知療法の理論的発展として総論を述べている。はるかギリシャ，ローマ時代や東洋・インド思想からの哲学的考察から始まり，Beck 自身の認知療法の着想，その科学的基礎や治療効果，作用機序といった認知療法の根幹を考察し，現代的な論点である受容，統合的側面，治療者像を説き起こした上で，最後に認知療法の触媒的役割から"消えゆく認知療法"といった一種センセーショナルな論議をもって章を締めくくっている。まさに，Beck から直接指導を受け，日本に認知療法を導入し現在もこれからも日本の認知療法を背負う著者ならではの論旨の展開といえるだろう。

　第3章では，スキーマ療法の創始者である Jeffrey Young が，スキーマ療法の概念を解説した後に，比較的近年に開発されたスキーマ・モードの概念を用いて，境界性パーソナリティー障害の治療的再養育法による症例を提示してい

る。一般的な認知療法は，とかく図式的，マニュアル的な印象があるが，ここでの介入は，治療者・患者関係を踏まえて，今，ここでの生き生きとした介入と展開を見せている。重症のパーソナリティー障害の治療には，このようなインテンシブな方法が必要であることを如実に示している。

　第4章は，岩壁による研究法に関する論述である。周知のとおり，認知療法，認知行動療法はエビデンスに基づく方法であるところに強みがある。つまり，科学的，客観的な方法でその効果を実証できるということで，セラピストにとって，そして何よりもクライエントにとって信頼に足る治療法となる。近年までは（特に日本では）客観的研究方法として，効果を数量的に表現できる量的研究法が主流を占めてきた。一方，数量的なデータではなく言葉としてのデータを用いて主観的体験を対象とする質的研究法が提唱されるようになり，現在では量的研究と同等かそれ以上に心理療法の研究に用いられるようになってきた。第4章では，実証的に支持を得た心理治療の紹介から，エビデンスのあり方について言及し，特に治療関係の重要性を提唱している。そして質的研究の概観を示しつつ，認知療法の研究における質的研究の重要性を説き起こす。著者は心理療法における治療関係の重要性を提言する臨床家，研究者として著名であるが，本章でも関係性について強調している。治療関係について述べた第6章と同様，現在から今後の認知療法を語る上で重要な論点となると思われる。

第2章　認知療法の理論的展開

井上　和臣

　認知療法の理論的展開，これが与えられた主題である[注1]。以下，歴史・哲学的淵源から始めて，Beckの着眼，サイコセラピーの基準，理論・治療の科学的基礎，作用機序，受容，統合の観点について論じ，治療者論で小論を締め括りたい。

1. 歴史・哲学的淵源

1. 西洋哲学

　認知療法の理論と哲学的淵源は実際にはほとんど関係がない。しかし，よく引用されるものとして，西洋ではたとえば小アジアのプリュギアに生まれたエピクテトス（キケロ他・鹿野，1980）がいる。奴隷の身分で，皇帝ネロの頃，ローマに来ていたという。ストア派の哲学者である。55年から136年まで生きた人で，著作は残していないが，「人々を不安にするものは，事柄ではなくて，事柄についての思惑だ」と言ったそうである。

　もう一人も同じストア哲学のなかに位置づけられる。エピクテトスは奴隷であったが，彼は第16代ローマ皇帝，五賢帝の最後に登場したマルクス・アウレリウス・アントニヌス（121年〜180年）である。その『自省録』のなかにこんな言葉がある。ギリシャ語で書かれたものを神谷が翻訳している（M. アウレーリウス・神谷，2007）。

注1）小論は鳴教心友会主催の退職記念講演会（2012年3月4日，徳島市）に基づいて執筆したものである。

「君がなにか外的の理由で苦しむとすれば，君を悩ますのはそのこと自体ではなくて，それに関する君の判断なのだ。ところがその判断は君の考え一つでたちまち抹殺してしまうことができる」。

前半が認知療法と重なる思想ではないかと思われる。しかし，後半部分も大事で，判断を自分の考えで修正できるという主張が盛り込まれている。これがこの哲人皇帝の『自省録』の特徴かもしれない。

西洋では，外界が存在していて，それに対し私たちの判断や思惑が適合しているか，正確に外界の現実を映しているかどうか，という論法で進められる。

2. 東洋哲学

一方，趣の違うものが東洋にはある。東洋といってもインドだが，ヴァスバンドゥ（世親）（400年？～480年？）である。中観派とか唯識派がインド仏教の哲学的基礎として重要だが，彼は唯識派の代表的な哲学者・宗教家である。その『唯識二十論』からの引用である（長尾他，2005）。

「大乗においては，三種の領域からなるこの世界はただ心（の表象）にすぎないものである，と教えられる。経典に，『勝者の子息たちよ，実に，この三界は心のみのものである』といわれているからである」。

教典とは華厳経で，「三界唯心」という思想である。「この三界は心のみのものである」。この思想は，外界があって，それを的確に心が解釈できるかどうかという世界観ではない。そもそも外界は存在しない，心がすべて外界をつくり出しているのだという，私たちの常識を超えている一元論の世界である。おそらく，こういうものは認知療法の哲学的基礎にも入っていないと思う。必ず外界が存在する，それが適切に読めるか読めないかで人のとらえ方，人の感情が変わっていくというのが認知療法の理論だから，三界唯心の思想とはだいぶ距離があるというのが印象である。

2. Beckの着眼

哲学の話は，Beckの思想と直接の関係はないと思う。Aaron T. Beckはもう90歳を超えている。1921年の生まれなので，これからお話しすることは，

40歳過ぎくらいに論文化されている。

最初はBeckの伝記からの引用である（Weishaar, 1993）。精神分析理論の研究がBeckの出発点である。しかし，彼は，「うつ病の患者は失敗を求めてはいない。むしろ，自己および幸福の可能性に関する否定的見解をとることで現実を歪曲しているのである。夢はその人の思考を反映しているにすぎない」と考えた。そして精神分析から離れていく。精神分析は欲動の理論（motivational model）が基礎だが，認知療法は認知モデル（cognitive model），情報処理理論が基本である。

1. 論文「思考と抑うつ」：1963年

精神分析理論から離脱して新しい考え方に行き着く過程で生み出されたのが，これから紹介する2つの論文である。1963年の論文は，"*Archives of General Psychiatry*"に載っているもので，"Thinking and depression"，「思考と抑うつ」という題である（Beck, 1963）。このなかから，今日，認知療法を語るときによく引用されるものを少し抽出してみた。

「うつ病患者の思考内容は低い自己評価，自己非難，過剰な責任，逃走への願望という特徴を有した。彼らは系統的な誤りを，自己自身に関する偏見を示していた」。

これはうつ病患者を対象にした実証研究から得られた見解である。そのなかでは認知と呼ばれるものの内容として，たとえば，low self-regard，自分自身に対する評価が非常に低いとか，self-criticisms，自己を非難するとか，suicidal wishes，死んでしまいたいという願いがあるとかが列挙されている。うつ病の患者にはうつ病独特の認知の特徴がある，というのがこのときの主張である。

「系統的な誤り」に対応するところが認知の歪みである。意外なのは，dichotomous thinkingと呼ばれる二分法的思考が入っていない。Arbitrary interpretationから始まって，その後の治療マニュアルでもよく語られる認知の歪みの類型が，具体的な例を挙げていくつか載っている。

次に，「不快な思考が不快な情動に先行することがしばしば観察された」と，思考の一次性障害（primary disorder）が提示される。感情の問題が最初にあっ

て，そして思考の問題が生じる，これだと secondary である。その逆を言っている。「思考の一次性障害が存在し，その結果として，認知の歪みと対応するかたちで，情動と行動の障害が生じるのである」と主張している。今の言葉で言えば，認知モデルに該当する考えが示されている。

2. 論文「思考と抑うつ」：1964 年

さらにその翌年，同じ雑誌の同じテーマの "Thinking and depression" のなかで，今度はスキーマの話が出てくる（Beck, 1964）。「ある独特の認知的構造（スキーマ）がうつ病の最中には優勢となり，思考過程を支配し，認知の歪みをもたらす。スキーマは，刺激をスクリーニングし，コード化し，評価するために利用される構造と考えられる」。

スキーマの概念は Beck が発案したものではなく，既に早い時期から心理学では言われていた。それをもう一度取り上げて，この2番目の論文を書き上げたのである。

最後に，うつ病の認知的・情動的モデル（cognitive model と言わずに，cognitive-affective model とある）への言及がなされる。「うつ病の認知的・情動的モデルという先述の定式化は，神経症性の抑うつ反応（および他の精神神経症）のサイコセラピーにおいて実際に適用することが可能である」。認知療法の基礎理論を具体的に応用して，治療に生かすことができる，という主張である。

そのサイコセラピーの標的となるものが2つある。「最初の方法は，特異的で独特の抑うつ的認知（今風に言えば自動思考に該当するか？）を同定し，評価し，訂正するというものである」。同定・評価・訂正と訳出したのは identification・appraisal・corrections であるが，簡便には catch・check・correct と言い換えられるだろう。

「第2の方法は，患者の自己と自己の世界に関する，基底にある慢性的な誤った概念，偏見，迷信に向けられる」。これはスキーマを念頭に置いて読むと分かりやすいと思われる。自動思考とスキーマと呼ばれる2つのレベルに働きかけることで，サイコセラピーとして意味をもってくるだろうという予測である。

3. サイコセラピーの基準

　Beck は認知療法を a system of psychotherapy と，自分が登場するビデオで言っている。サイコセラピーのひとつの体系だという，その意図するところは，治療のなかで技法をたくさん集めてきても，それは決してサイコセラピーにはならない，という意味が込められていると考えられる。理論の背景があって初めてサイコセラピーたりえる，というところに力点が置かれているように思われるのである。

　「サイコセラピーとは何か？」と問われたとき，4つの条件が提案されている（Beck, 2005; 井上，2011）。

　まずは，パーソナリティと精神病理に関する理論が存在すること，次に，理論を裏づける研究成果が存在すること，さらに，理論との整合性をもった治療技法の選択がなされること，最後に，治療効果が科学的に実証されること，となる。

　今風のエビデンスに基づく医学・医療（evidence-based medicine）では，治療効果が科学的に実証されることが重要である。しかし，決してそれだけがサイコセラピーの条件ではなく，それ以外のいくつかの項目があってはじめて，サイコセラピーと呼ぶことができるというのである。理論は重要な条件のひとつといえる。

4. 理論・治療の科学的基礎

1. 認知療法理論の科学的基礎

　まずは Beck の，2005年に出た『認知療法の40年を振り返って』という論文である（Beck, 2005）。彼はこれまでにもいくつか，自分の開発した認知療法がどのくらい多くの人の支持を得ているか，もしくは得ていないかを振り返るような論文を，区切りごとに書いている。

　公にされていないデータに基づいた記述なので，具体的によく分からない部分もあるが，引用されているものをそのまま紹介する。1985年に180件の論文，220件の研究を振り返っている。1963〜1964年頃からだと，20年ほど経過し

ている。

　認知モデルと呼ばれる認知療法の理論的な基礎，つまり，うつ病における感情の問題は一次性ではなく二次性のものであり，考えていることが影響し，その結果として感情に変化が生じるという理論仮説について，これを支持したものが91％，支持しなかったり矛盾を示したりした例が9％ということである。

　中身を細かく見ると，まずは，1963年と1964年の論文で紹介した，認知の内容面での特徴である。うつ病における認知の3徴は，認知モデルを構成する重要な概念で，認知の内容を3つの側面から見たものである。

　私はだめな母親だといった，自分自身についての否定的な見解，それから，世界や自分の周りで起きていることをどう考えるかに関わる否定的な見解，もうひとつは自分の将来について，この先，望みがまったくないといったような見解，これらが認知の3徴を形作っている。ほとんどの論文がこれを支持している（支持150，不支持14）。

　刺激に対する認知的処理に見られる否定的なバイアス，これは認知の歪みの問題だが，二分法的な思考や自己関係づけ，恣意的な推論など，数は少ないものの，支持が19で，不支持は皆無である。

　自動思考のレベルで問題になる内容や，それを形式的な側面から見た場合の否定的なバイアス，それ以外にもうひとつの認知レベルとして重要な，信念やスキーマについても31の論文，研究が支持をしている（不支持6）。1985年に総説論文を書いた段階では，Beckが20年前に考えた仮説は実証される方向のようである。

　その後の研究でも，方法論上の問題が改善した段階でも，得られた結果は1985年のものとよく似ているといった見解が述べられている。

　同じ論文のなかで，うつ病の認知モデルの仮説についての研究がある（**スライド1**）。これは，その論文の前から唱えられていたものだが，ストレス・素因モデル（stress-diathesis model）と呼ばれる。うつ病に対するひとつの脆弱性を構成するものとして，ある種の信念が存在する。英語ではthe vulnerabilityではなくa vulnerabilityと書いているので，いくつかあるうちのひとつが，唯一絶対のものではないが，ある種の信念・スキーマが心理学的な次元での脆弱性を構成していて，素因に該当する部分を担う，という考え方である。

第2章　認知療法の理論的展開　39

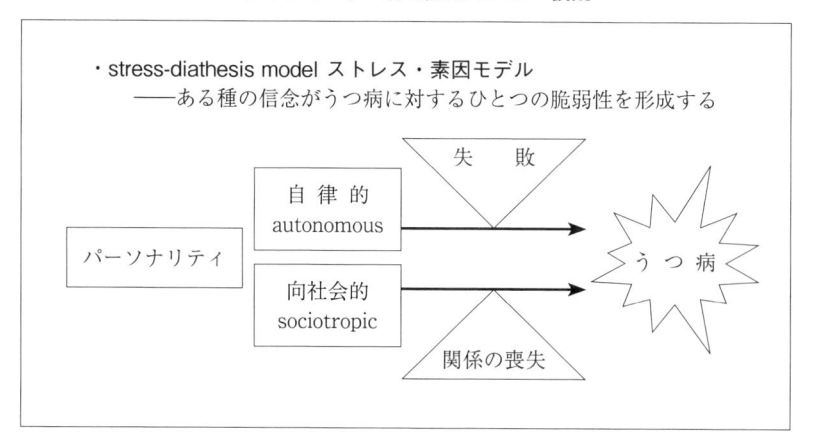

スライド1　うつ病の認知モデル：仮説

```
・stress-diathesis model ストレス・素因モデル
  ——ある種の信念がうつ病に対するひとつの脆弱性を形成する
```

パーソナリティ → 自律的 autonomous ／ 向社会的 sociotropic
失敗／関係の喪失 → うつ病

　80年代の終わりに2つのパーソナリティの特性について聞く機会があった。ひとつは autonomous，日本語では自律的という意味であろう。訳出するのに困るのは sociotropic である。向社会行動とは人のためを思って成す行動であろうが，英語の tropic は向精神薬の「向」なので，社会に向かう傾向である。自分だけでやっていくことができる特性，そして，社会のほかの人たちとの関係を重んじる特性という，2つにパーソナリティを分けたのである。パーソナリティは完全に同じではないが，スキーマ・信念と同じようなものと想定されている。

　パーソナリティを2つに分けた場合，おのおのが素因に該当する。自律的な人は，職業上の失敗などに遭遇した場合，そのストレス因との関連でうつ病を発症することがある。一方，sociotropic な方向性をもっている人の場合は，人間関係の破綻や損失がストレス因となってうつ病を惹起する，という仮説である。

2. 認知療法の治療効果

　うつ病の認知療法に関するメタアナリシスでは，複数のランダム化比較試験をもとに統計的なかたちで効果の判定がなされている（井上・柏木，1999）（**スライド2**）。

スライド2　うつ病の認知療法：メタアナリシス（井上・柏木，1999）

研究者 （発表年）	対象期間 （文献数）	認知療法 vs.		
		治療なし	抗うつ薬	併用療法
Dobson (1989)	1976-1987 (28)	− 2.15	− 0.53	
Gaffan *et al.* (1995)	1976-1987 (28)	− 1.73	− 0.26	− 0.02
	1987-1994 (37)	− 0.93	− 0.20	
Gloaguen *et al.* (1998)	1977-1996 (48)	− 0.82	− 0.38	

注）数値は効果量（ES）を示す。値が負であるときは，認知療法の効果が優っていることを意味する。

　Dobson（1989）は28件の文献によって，認知療法と治療をしない場合，認知療法と抗うつ薬を比較した。
　効果量（effect size）を見ると，治療しない場合はもちろん抗うつ薬との比較でも，認知療法が有効だと結論している。
　しかし，初期の研究は認知療法に肩入れしているだろうから，どこから論文が発信されているかを見直したほうがいいということで，Gaffanら（1995）は前期と後期に分けてやっている。それでも，治療しない場合に比べるともちろん，抗うつ薬とも0.2で，認知療法が優っている。併用療法とはほとんど0に近いので，引き分けぐらいの効果があるということになる。
　Gloaguenら（1998）の論文でも，認知療法は治療しない場合より明らかに優れていて，抗うつ薬よりもしばしば優れている。
　以上は，うつ病の急性期に認知療法を使った場合と，薬物療法を使った場合の比較である。症状があるときに，その症状をなくしていくのが急性期治療の目標だが，次の治療段階では，良くなった患者が悪くならないようにというところに力点が移る。それが再燃防止とか再発防止になる。
　再燃・再発についても，初期の頃にたくさんの論文が書かれている（井上・

スライド3　うつ病の認知療法：再燃防止効果（井上・久保田，2000）

研究者 （発表年）	追跡期間 （月）	再燃率（%）		判　定
		認知療法	薬物療法	
Kovacs *et al.* (1981)	12	33	59	CT ≧ AD
Beck *et al.* (1985)	12	45	18	CT = AD
Simons *et al.* (1986)	12	20	66	CT > AD
Blackburn *et al.* (1986)	24	23	78	CT > AD
Miller *et al.* (1989)	12	46	82	CT > AD
Bowers (1990)	12	20	80	CT > AD
Evans *et al.* (1992)	24	21	50	CT > AD
Shea *et al.* (1992)	18	36	50	CT = AD

久保田，2000）（**スライド3**）。12カ月から24カ月の追跡期間中の再燃率を比べてみる。表のADはantidepressants（抗うつ薬），CTは認知療法である。EvansらとSheaらの論文は多施設での共同研究で，アメリカで認知療法がうつ病の診療ガイドラインに位置づけられるのに大きく寄与した論文である。

　成人のうつ病の場合，複数の文献から得た平均の再燃率は，認知療法が29.5％であったのに，抗うつ薬は60％である。ただ，これは抗うつ薬を止めてしまっているので，飲み続けていれば30％ぐらいで収まると思われる。もちろん認知療法も急性期の治療だけで終えているので，治療終了後の再燃率の比較ということではある。

　しかし，急性期の治療として認知療法を行うだけで効果があるとしても，再燃・再発防止に軸足を置かずに，急性期だけでやっていくのでは，もしかすると不十分ではないかという見解も出ている。

5. 作用機序

　認知モデルと呼ばれる一定の理論的背景があって，それに基づいて治療技法が選択され，治療を行った場合に，それなりの効果がありそうだとなったわけ

である。うつ病の場合は，薬物療法に優るかもしれないといった見解がしばしばあるが，いったいどういう機序で認知療法が効果を現すのかが大事である。

効果が発現する作用機序の論文が 1989 年にある（Barber & DeRubeis, 1989）。調節モデル，活性化・脱活性化モデル，代償技能モデルという 3 つの考え方が提示されている。

活性化・脱活性化モデル（activation/deactivation model）は，うつ病スキーマの脱活性化と既存の良性スキーマの活性化である。うつ病の患者がいだきやすいスキーマ，自分に対する非常に否定的な内容のスキーマが，治療によって活性化しなくなる。たとえば，私がうつ病のスキーマであれば，〈演壇の下に身を伏せながら〉これがだんだん沈んでいって見えなくなる。代わりに，〈演壇の下から身を起こしながら〉もう少し良性のものが顔を出すという感じである。これはおそらく薬物療法の効果である。薬物療法でもスキーマは見えなくなるし，もちろん自動思考も見えなくなるので，活性化・脱活性化モデルは薬物療法における機序ではないかと主張されている。

調節モデル（accommodation model）は，スキーマそのものが修正されるとか，スキーマの形成・維持・修正に関わる認知過程が手直しされていく，というものである。認知療法が目指す方向は，スキーマそのものが変わっていくとか，スキーマという構造物が変わるような，それがどんな過程か分からないが，何か構造上の変化がみられる，ということである。しかし，構造の変化がありうるのかどうか，問題である。現在，認知療法・認知行動療法はうつ病の治療として 16 週で保険診療が認められている。30 分超行って，16 回で効果が出たときに，スキーマが修正されるといった調節モデルが適用できるのかという疑問がある。

それで登場したのが代償技能モデル（compensatory skills model）である。否定的な思考・認知を削除するために使える技能が獲得されると考える。何か具合の悪いものが出てきたら，それを掃除してしまうような，scavenger（スカベンジャー）技能である。お掃除屋さんが掃除をする技術が，16 週間ならおそらくできるだろうというわけである。うつ病患者は，認知療法が提供しようとする技能は基本的にもっている。それがうつ病のために見失われているだけだと考えると，16 週でもう一度，思い出してもらい，それが使えるように

なってもらうのである。否定的な思考が浮かんできたときに、それをつかまえて、吟味し、修正していく、Beck の言葉で言えば "catch-check-correct" という、その 3 つの技能が獲得できるだろうということである。急性期の短い治療での効果発現を説明できそうな考えである。

6. 受　　容

今もお話しした，"catch-check-correct" という手順，とらえて，吟味して，必要に応じて修正していくというやり方は，認知療法（あるいは認知再構成法）の基本的な進め方である。一方，これからお話しするのは，最近登場した受容という概念，アクセプタンス（acceptance）という概念である。

1. マインドフルネスに基づく認知療法：「する」モードから「ある」モードへ

ここではマインドフルネスに基づく認知療法（mindfulness-based cognitive therapy: MBCT）を取り上げる。MBCT は 2002 年イギリスの Teasdale たちが提案した治療法である（Segal et al., 2002）。

Beck を中心として行われてきた古典的な認知療法には，その淵源にエピテトス，マルクス・アウレリウスに代表されるようなストア哲学の思想がある。認知療法の理論（認知モデル）は，認知すなわち思考やイメージが感情や行動に与える影響を強調する。治療ではひとつには論理的分析を行う。証拠は何か，根拠はあるのか，反証となるような矛盾する事実はないのかといった，認知的技法である。もうひとつは，行動実験である。これは，行動を介して，行動課題を積極的に用いて，認知の修正を試み，それによって感情の制御・調節・適正化を図ろうとする。

認知療法には合理主義的・主知主義的な視点が見られる。精神分析での欲動のような，エネルギーであるとか，身体的なものが無視されている印象がある。

MBCT は，うつ病の急性期ではなく，症状が治まった後の寛解期にある人たちを対象に行う。しかも，そこに仏教の思想が認められる，と言われている。南伝仏教の影響があるそうである。身体感覚を伴う直接体験を治療のなかで経験することが重要になってくる。

マインドフルネスとは何かについて，Kabat-Zinn は「意図的に，今という瞬間に判断を交えず，独特の方法で注意を向けること（on purpose, in the present moment, and non-judgmentally）」と定義する。注意の集中訓練のような側面もあるが，いろいろな感覚機能を活用しようとするのが非常におもしろいところである。

マインドフルネス訓練は，まずは，意識の流れのなかに現れる思考を明瞭に認識しようとする。これは自動思考をつかまえようとする（catch）のに当たり，古典的な認知療法がやっている作業と共通するところがある。ところが，そのあと，思考の妥当性を吟味しないようにする。"Check" を落としてしまうのである。

そして，思考を変えていくより，むしろ思考から距離を置く。ここが西洋の哲学風で，思考は必ずしも現実の反映ではなく，心の産物にすぎないと認識することが含まれるという。「心」とは別に「現実」があるというのが前提になっている。マインドフルネス訓練によって思考から距離を置こうというところに大きな力点がある。

認知モード（cognitive mode）を図に描くとこうなる（井上，2012）（**スライド4**）。"Doing" mode とか "being" mode という言葉が Teasdale たちの本のなかに登場する。自動的に作動するモード，事物のかくある状態と事物のかくあるべき状態との乖離を減らそうとして，未来と過去にベクトルが向かうようなものが "doing" mode，「する」モードである。これは変化をもたらそうとするモードで，古典的な認知療法が考えてきた，非機能的な認知を制御しようというモードである。

これに対して，事物のある状態を受容し，許容しよう，ただちに事物を変化させようとせずに，今という瞬間の体験に向かおうという，アクセプタンス（受容）を重視するモードが，"being" mode，「いる」モード，あるいは「ある」モードである。このモードでは，脱中心化（decentering）とか，距離を置くこと・保つこと（distancing）が重要になる。具合の悪いものをつぶしていこうという発想ではなく，それをそのままにして，そこから少し距離を置こうというところに力点が移る。

実際にどんなことをやるかというと，レーズンエクササイズというのがある。

スライド4　認知モード（井上, 2012）

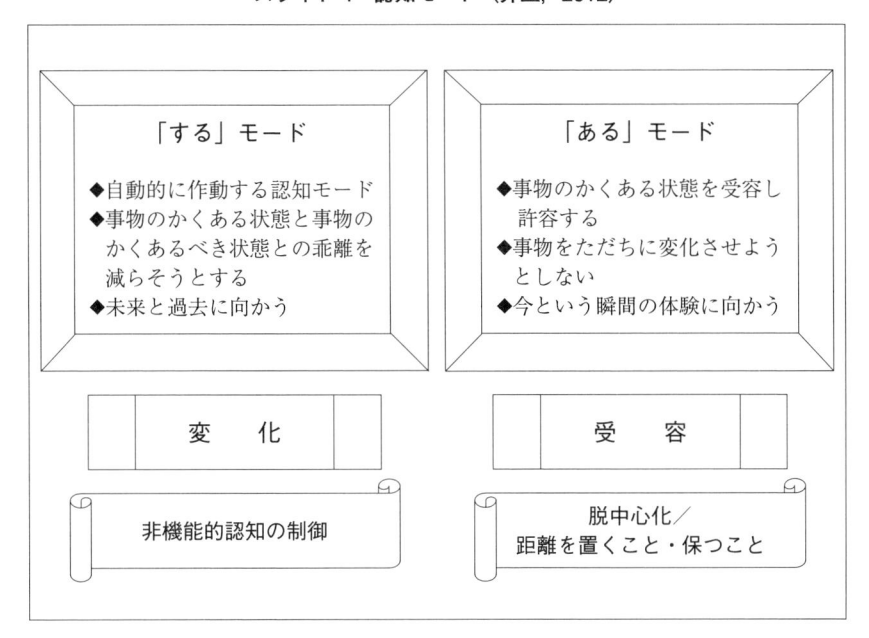

```
┌─────────────────────────────────────────────────────────────┐
│  ┌──────────────────────────┐  ┌──────────────────────────┐ │
│  │      「する」モード         │  │      「ある」モード        │ │
│  │ ◆自動的に作動する認知モード │  │ ◆事物のかくある状態を受容し │ │
│  │ ◆事物のかくある状態と事物の │  │   許容する               │ │
│  │   かくあるべき状態との乖離を │  │ ◆事物をただちに変化させよう │ │
│  │   減らそうとする           │  │   としない               │ │
│  │ ◆未来と過去に向かう        │  │ ◆今という瞬間の体験に向かう │ │
│  └──────────────────────────┘  └──────────────────────────┘ │
│     ┌──── 変　化 ────┐           ┌──── 受　容 ────┐           │
│     │ 非機能的認知の制御 │           │ 脱中心化／        │           │
│     │                │           │ 距離を置くこと・保つこと │           │
│     └────────────────┘           └────────────────┘           │
└─────────────────────────────────────────────────────────────┘
```

「火星からやって来て，地球上の物体に初めて出合ったと想像してください。そして，干しぶどうに注意を集中させてください」。治療者は少なくとも10秒ほどの休止を置きながら続ける。「それを手のひらに載せてください。それを見ることに注意を集中させてください。これまで一度も見たことがないものを見るように，注意深くそれを見てください。指の間でそれを転がしてみてください。指で挟みながら，その手触りをよく確かめてください」から始まって，最後は「食べて，飲み込んだもので，レーズンひとつ分，体が重くなる感覚を，きちんと体験してください」で終わる。

　アメリカの人たちが聞くと，何だろうと思うような導入法を，Kabat-Zinnはやっていて，それをTeasdaleたちは認知療法と合体させたのである。

2. マインドフルネスに基づく認知療法：理論の独自性

　MBCTは方法自体がおもしろいのはもちろんだが，理論的な側面で関心を

スライド5 マインドフルネスに基づく認知療法

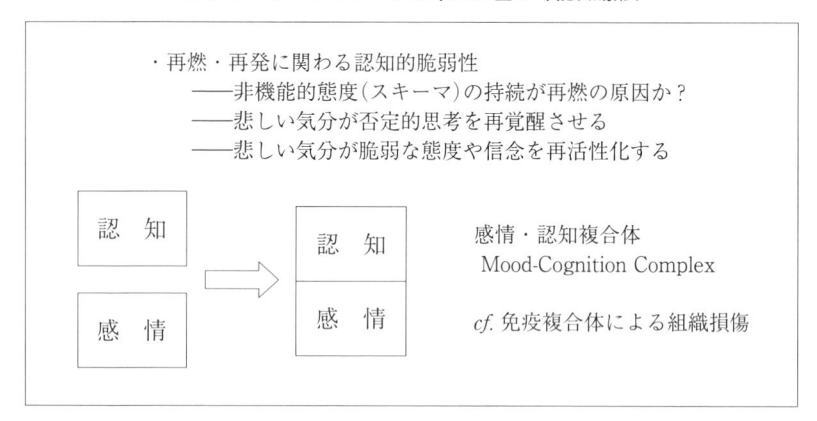

```
・再燃・再発に関わる認知的脆弱性
    ——非機能的態度（スキーマ）の持続が再燃の原因か？
    ——悲しい気分が否定的思考を再覚醒させる
    ——悲しい気分が脆弱な態度や信念を再活性化する

  ┌─────┐         ┌─────┐
  │ 認 知 │         │ 認 知 │   感情・認知複合体
  ├─────┤   ⇒    ├─────┤   Mood-Cognition Complex
  │ 感 情 │         │ 感 情 │
  └─────┘         └─────┘   cf. 免疫複合体による組織損傷
```

非常にそそるのは，これからお話しするようなことである。

再燃・再発に関わる認知的脆弱性について，Beckは最初の論文からこれをスキーマと呼んでいた。さらにスキーマについて，そもそもうつ病が発症するときに重要だと考えた。パーソナリティを構成するある種のスキーマ，sociotropicかautonomousかは別として，特有のスキーマが存在することにより，ストレス因を読み解くときの誤りが生じ，それがうつ病をもたらすのだというのである。

初発に関わる認知的な脆弱性に対し，MBCTは再燃・再発に関わる脆弱性に言及している。特有のスキーマが存在することがうつ病再燃の原因かというと，スキーマは治療によってなくなってしまい，検出できなくなる。これが非常に難物で，私たちを困惑させる。

もうひとつ別の脆弱性に関わる理論として，認知から感情への筋道ではなく，気分のちょっとした変化が否定的な思考を再覚醒させる，という考え方がある。悲しい気分が脆弱な信念・スキーマにまで影響を与えるというのである。

スライド5に示したように，認知と感情が存在して，認知が感情に影響を与える，これは古典的な認知モデルである。一方，MBCTの理論では，感情の若干の揺れが，認知との間に非常に親和性の高い結合を起こすことになる。感情あるいは気分・認知複合体ができる。こういう表現はTeasdaleらの著書にはなかったと思うが，そう考えてみた。わずかな感情の変化によって，いわば

感作された抗体のように，認知（抗体）が感情（抗原）と結びつくのである。

　免疫複合体による組織損傷の例として，急性糸球体腎炎がある。急性糸球体腎炎では，外界から入ってきたβ溶連菌に対する抗体が，菌体と一緒になって血中で結合物を作り，それが腎炎の成因になると書かれている。それと同じように，非常に親和性が高い，結合しやすい2つのもの，感情と認知が結びついてしまうことによってうつ病が再燃する，という仮説である。その結びつきやすさそのものが，心理学的なレベルでの病態メカニズムとして重要なのではないかと主張している。

　MBCTに関する著書で，「再燃に至る経路は時間とともに，より活性化される」という言葉が出てくる。これはPostという，生物学的な精神医学を志向する精神科医の考えを引用したものである（Post, 1992）。初期のうつ病相は，ストレス要因（否定的ライフイベント）の後にみられることが多いが，病相を繰り返すうちに，ライフイベントの役割は進行性に減弱する，つまり，ストレスがなくても，うつ病相を反復するようになるという点が，Postの非常に重要な考えである。キンドリング（kindling）とか履歴現象などと呼ばれている生物学的な概念と非常に近似した考えだと思う。それと同じものが，感情あるいは気分・認知複合体というように，おそらく心理学的な領域でも起きているのではないかと考えると，非常におもしろいものがある。

7. 統合の観点

1. 鑑別治療学

　DSM-IVの中心人物，Francesらによる『鑑別治療学』（Frances et al., 1984）には，「（サイコセラピーの）各学派の治療者は治療の場と形態の選択については比較的寛大だが，技法の選択となると鋭く意見が対立する。治療技法，すなわち実際に患者に行うことが，自分の受けた訓練や知識に基づくものであるだけでなく，人生観や，精神障害の原因と治療に関する見解を異にするからである」と述べられている。

　さまざまなサイコセラピーを『鑑別治療学』では，洞察的（exploratory），指示的（directive），体験的（experiential）なものとして，それぞれ理解と行

48　第Ⅱ部　理論と研究

スライド6　治療学派

```
┌─────────────────────────────────────────┐
│  ┌──────────────┐    ┌──────────────┐  │
│  │   洞 察 的    │    │   指 示 的    │  │
│  │  精神分析      │    │  系統的脱感作法│  │
│  │  力動的精神療法│    │  正の強化     │  │
│  │  問題重点療法  │    │  認知療法     │  │
│  │  認知療法      │    │  問題解決法   │  │
│  └──────────────┘    └──────────────┘  │
│        ┌──────────────────┐             │
│        │    体 験 的       │             │
│        │  クライアント中心療法│           │
│        │  ゲシュタルト療法  │             │
│        │  心 理 劇         │             │
│        └──────────────────┘             │
└─────────────────────────────────────────┘
```

動と情動を標的とする治療法に分類する（**スライド6**）。洞察的なものの代表として精神分析，体験的なものとしてクライアント中心療法がある。指示的なものはだいたい行動療法だが，認知療法は洞察的なものと指示的なものにまたがっているとしているのが独特である。

「認知療法は洞察的ではあるが，精神分析理論とはずいぶん異なった治療である。認知療法が意図するところは，不適応な感情や行動を引き起こしている認知をあらわにし，それを変化させようとすることである。この種の洞察は，一部は精神分析的な治療者によって作り出されたものであるが，認知療法で用いられる技法は非常に指示的であり，学習理論や行動療法の理論の影響を強く受けている。認知療法は，洞察と指示の境界にまたがっていると考えられる」。

2.「触媒」としての認知療法

フェニルケトン尿症の場合，フェニルアラニン水酸化酵素が欠損することで，フェニルアラニンはチロシンに変化しない。通常の生体では，フェニルアラニンをチロシンに変えるフェニルアラニン水酸化酵素が「触媒」として機能することで，代謝が円滑に進む。

認知療法には，基質であるチロシンやフェニルアラニンの代謝に関与する，

酵素としての,「触媒」としての役割があるのではないかというのが,今日,お話ししたいことの重要な部分になる。

日本認知療法学会の雑誌『認知療法研究』第1巻（創刊号）に私（井上,2008）は,日本認知療法学会,あるいは認知療法そのものが,「触媒」の役割を果たすことで,サイコセラピーにかかる複数の学会が同時に,あるいは重複期間を含みながら相前後して開催されるJapan Psychotherapy Week,それが実現するとおもしろいと書いた。

サイコセラピーに関わる複数の学会が同じ場所で同じ時間を共有する,認知療法がいわば治療法の架け橋となるような,そんな空間・時間があってもいいのではないかというのが,Japan Psychotherapy Weekの眼目である。

8. 治療者論

1. 仏典にみる行動実験

ホテルに宿泊すると,聖書と一緒に仏教伝道協会の仏教聖典を見ることがある（仏教伝道協会,1975）。そのなかでたまたま読んだものが非常に印象的であった。行動実験の話に引用することの多い逸話である。

> 裕福な家の若い嫁であったキサーゴータミーは,そのひとり子の男の子が,幼くして死んだので,気が狂い,冷たい骸を抱いて巷に出,子供の病を治す者はいないかと尋ね回った。この狂った女をどうすることもできず,町の人びとはただ哀れげに見送るだけであったが,釈尊の信者がこれを見かねて,その女に祇園精舎の釈尊のもとに行くようにすすめた。彼女はさっそく,釈尊のもとへ子供を抱いて行った。釈尊は静かに（with sympathy）その様子を見て,「女よ,この子の病を治すには,芥子の実がいる。町に出て4・5粒もらってくるがよい。しかし,その芥子の実は,まだ一度も死者の出ない家からもらってこなければならない」と言われた。狂った母は,町に出て芥子の実を求めた。芥子の実は得やすかったけれども,死人の出ない家は,どこにも求めることができなかった。ついに求める芥子の実を得ることができず,仏のもとにもどった。かの女は釈尊の静かな姿（in his quiet presence）に接し,初めて釈尊のことばの意味をさとり,夢から覚めたように気がつき,わが子の冷たい骸を墓所におき,釈尊のもとに帰ってきて弟子となった。

スライド7　消えゆく認知療法

消えゆく認知療法
Vanishing Cognitive Therapy

<u>触媒</u>としての認知療法

自家薬籠中の<u>療法 Therapy</u>

　これをなぜ行動実験と呼ぶかというと，おそらくこの母は冷たいむくろとなった子を抱きながら，「私だけが子どもを亡くした母親で，私だけがこの死の苦しみを味わっている」と考えていたのかもしれない。釈尊はそれについては言及せず，芥子の実を，しかも，死人の出ていない家からとってくる，という行動課題を彼女に与えたのである。

　キサーゴータミーという女性は，自分の力で探し歩いて，自ら体験したなかで，そういう芥子の実は決して存在しないのだということを得て初めて，自分の最初の子どもを亡くしたことに関わる認知や感情が癒されるのを経験したのではないかと想像してみた。意図せずに行動の実験という，認知の修正を図るような試みをしていたのである。

　釈尊の，"in his quiet presence"とか"with sympathy"と表現された，このときの様子を再現することが可能であれば，それらはとても重要な非言語的メッセージではなかったかと思われる。

2. 消えゆく認知療法

　昔，『バニシング・ポイント』という映画があった。絵画の世界には「消失点（vanishing point）」という，遠近法に関わる表現があるらしい。

　「消えゆく認知療法（vanishing cognitive therapy）」というのが，小論を締めくくる言葉である（**スライド7**）。認知療法の理論的展開について書くという課題に対して，「認知療法は消える」と書くのは奇異に写るかもしれない。しかし，冗談ではなく，私自身は心の底からこう思っている。"Vanishing cognitive therapy"。

　認知療法が「触媒」の役割を果たしていくとする。もちろん，触媒であるフェニルアラニン水酸化酵素は基質フェニルアラニンに結合したときそれなりに構造が変化するかもしれないが，決してなくなってしまうわけではない。物質Aから物質Bへの変化をつかさどる酵素と同じように，複数の治療法を架橋する「触媒」としての認知療法というものに，目を向けてみてもいいのではないかと主張したいのである。

　その過程で，おそらく「認知療法」と名前がつくようなものは消えていく。あるいは，いちばん重要なのは「認知」療法ではなく，療法・セラピーなのではないかというのが，最後のメッセージである。

　自家薬籠中の療法，薬箱のなかに入っている薬のような感じだが，認知療法にはそういう側面がなくはない。認知療法が大事なのではなくて，療法が大事だとすると，それとともに，治療者という存在が非常に重要になってくるのではないか。

　認知療法が正しく実施されているかを評価するとき，技法的（technical）な部分や構造的（structural）な部分もあるが，基本はrelationalな部分，関係性についての認知療法の側面がきちんと満たされているかが重要になる。認知療法の技法が使われているかどうかは，実は末梢のことなのである。

　認知療法が，療法に姿を変えていく過程の「触媒」として，ほかの治療法との接近を図る役割を果たすことがあってもいいのではないかと考える。通常の臨床場面では認知療法が大事なのではなく，実は療法が大事であり，治療者がよりいっそう大事なのではないかというのが，本日の私の「認知療法の理論的展開」の結論である。

文　献

1) Barber, J. P. & DeRubeis, R. J.（1989）：On second thought: Where the action is in cognitive therapy for depression. *Cognitive Therapy and Research* 13, 441-457
2) Beck, A. T.（1963）：Thinking and depression. I. Idiosyncratic content and cognitive distortions. *Archives of General Psychiatry* 9, 324-333

3) Beck, A. T. (1964): Thinking and depression. II. Theory and therapy. *Archives of General Psychiatry* 10, 561-571
4) Beck, A. T. (2005): The current state of cognitive therapy: A 40-year retrospective. *Archives of General Psychiatry* 62, 953-959
5) キケロ，エピクテトス，マルクス・アウレリウス著，鹿野治助責任編集（1980）：世界の名著 14. 中央公論社，東京
6) Dobson, K. S. (1989): A meta-analysis of the efficacy of cognitive therapy for depression. *Journal of Consulting and Clinical Psychology* 57, 414-419
7) Frances, A., Clarkin, J. & Perry, S. (1984): *Differential Therapeutics in Psychiatry: The Art and Science of Treatment Selection*. Brunner/Mazel, New York. 高石昇監訳 (1989)：精神科鑑別治療学――理論と実際. 星和書店，東京
8) Gaffan, E. A., Tsaousis, I. & Kemp-Wheeler, S. M. (1995): Researcher allegiance and meta-analysis: The case of cognitive therapy for depression. *Journal of Consulting and Clinical Psychology* 63, 966-980
9) Gloaguen, V., Cottraux, J., Cucherat, M. & Blackburn, I. -M. (1998): A meta-analysis of the effects of cognitive therapy in depressed patients. *Journal of Affective Disorders* 49, 59-72
10) 井上和臣（2008）：日本認知療法学会：経緯と将来展望. 認知療法研究 1, 10-15
11) 井上和臣編著（2011）：パーソナリティ障害の認知療法――ケースから学ぶ臨床の実際. 岩崎学術出版社，東京
12) 井上和臣（2012）：マインドフルネスに基づく認知療法（MBCT）の利点とは何か. 精神医学 54, 362-364
13) 井上和臣・柏木信秀（1999）：薬物療法と認知療法の併用. 臨床精神薬理 2, 1075-1082
14) 井上和臣・久保田耕平（2000）：うつ病の再発・再燃防止――認知療法はどれだけ有効か. 精神科治療学 15, 13-20
15) マルクス・アウレーリウス著，神谷美恵子訳（2007）：［改版］自省録. 岩波書店，東京
16) 長尾雅人・梶山雄一・荒牧典俊訳（2005）：大乗仏典 15 世親論集. 中央公論新社，東京
17) Post, R. M. (1992): Transduction of psychosocial stress into the neurobiology of recurrent affective disorder. *American Journal of Psychiatry* 149, 999-1010
18) Segal, Z. V., Williams, J. M. G. & Teasdale, J. D. (2002): *Mindfulness-Based Cognitive Therapy for Depression: A New Approach to Preventing Relapse*. Guilford Press, New York. 越川房子監訳（2007）：マインドフルネス認知療法――うつを予

防する新しいアプローチ．北大路書房，京都
19) Weishaar, M. E. (1993)：*Aaron T. Beck*. Sage Publications, London. 大野裕監訳 (2009)：アーロン・T・ベック――認知療法の成立と展開．創元社，大阪
20) ㈶仏教伝道協会 (1975)：*The Teaching of Buddha*：和英対照仏教聖典．東京，186-189

第3章 パーソナリティ障害に対するスキーマ療法の進歩

ジェフリー・E・ヤング
(監修者:伊藤絵美,翻訳者:佐々木淳)

　まず,スキーマ療法の概念モデルについて説明し,境界性パーソナリティ障害へのモードアプローチの適用,境界性パーソナリティ障害へのスキーマ療法の無作為化比較試験,重症Ⅱ軸障害に対する治療的再養育法について紹介したい。

1. スキーマ療法の定義

　スキーマ療法とは統合的,統一的な理論・治療法である。つまり,様々な心理療法のアイディアを統合・統一したものであり,長期にわたって情緒的な困難を抱えている患者への治療方法としてデザインされている。スキーマ療法は,幼少期あるいは思春期に患者の問題の起源があると考えており,個人療法だけでなく,カップル療法,集団療法としても実施される。スキーマ療法は,認知行動療法(CBT),愛着理論,感情焦点化療法,また精神力動療法からのいくつかの要素を統合している。

2. 中心的な前提と幼少期の中核的欲求,大まかな目標

　スキーマ療法の中心的な前提とは,深刻なパーソナリティ障害のほとんどは,幼少期に満たされなかった欲求,特に親からの不適切な養育を第一の起源としていることである。当然ながら,パーソナリティ障害は本人の気質あるいは文

化的な背景が影響しているが，なかでも幼少期における家族の体験が最も大きな役割を担っていると考える。

　スキーマ療法を実施する上でまず理解しておく必要があるのは，幼少期の中核的欲求という概念である。これは出身や背景によらず，子どもとして，人として，全ての人が共通してもっている中核的な欲求のことである。第一に，確かな安定した愛着，すなわち安全基地を求めること，第二に，危害や虐待から保護されることへの欲求，第三に，養育してくれる大人から愛情や養育，注意関心を向けてもらうことへの欲求，第四には，受容されること，賞賛されることへの欲求である。つまり「よくやってるよ」とか「いい子だね」と親から声をかけてもらいたいという欲求である。第五には，共感への欲求，つまり両親に耳を傾けてもらい，自分のことを理解してもらうことへの欲求である。第六は，自律への欲求である。大人から自由を与えられ，一人で世の中を探検したりする場合でも過保護に扱われないことを子どもは求めている。第七には，子ども自身の感情と欲求を承認してもらうことへの欲求である。例えば，子どもが「悲しいな」と言った時，親の方から「そんなふうに感じちゃだめ」などと言うのではなく，子どもは親が感情を理解し，感情を大事に扱ってくれることを求めている。最後の中核的欲求は，現実的な制約である。子どもは親の設定した制約を受け入れなければならない。つまり子どもは，「これはやっていいけど，これはだめ」と伝えたり，約束を破ったらどういうことになるのかを親に教えてもらう必要がある。

　幼少期の中核的欲求をふまえると，スキーマ療法のおおまかな目標とは，適応的な方法によって，また不適応的なスキーマやコーピングスタイルやモードを変化させることによって，患者の満たされなかった欲求を満たすのを援助することであるといえる。

3. 基本的なスキーマモデルの特徴

　スキーマ療法には2つのモデルが存在する。1つは初期の著書の中にあるオリジナルモデル，2つ目のモデルはモードモデルである。本稿では主にモードモデルを紹介するが，まずオリジナルモデルの概要に触れておきたい。

オリジナルモデルとは，簡単に言うと性格特性的な考え方に基づいている。つまり，人がどのように感じ，考え，機能するのかについて，一般的な性格を示したものである。オリジナルモデルで注目すべきは，早期不適応的スキーマとコーピングスタイルの2つである。

長期的な経過をたどる患者と長い間関わる中で，患者の人生のテーマやパターンを表す最も重要なスキーマが18個あることが明らかになった。それが早期不適応的スキーマである。最も中心的なものをいくつか挙げたい。

第一に見捨てられスキーマが挙げられる。これは，人が自分の元から離れていって結局一人ぼっちになってしまう，という感覚をもつスキーマである。第二には，不信／虐待スキーマである。つまり，人はわざと自分を傷つけたり，だましたり，虐待するという予期に関するスキーマである。第三の情緒的剥奪スキーマは，人が心から愛情を向けてくることはないし，自分の欲求にも耳を傾けてくれないという感覚をもつスキーマである。最後の欠陥／恥スキーマは，自分の中にどこかおかしいところや悪いところがあって，絶対に直らないという感覚をもつスキーマである。オリジナルモデルによる実践では，患者が18のスキーマのうち，どのスキーマをもっているのかをまず明らかにしようとする。

オリジナルモデルの2つ目の概念は不適応的コーピングスタイルである。これは，子どもがおかれている危険な環境や，気持ちを傷つけられるような環境に子どもが適応する方法のことであり，そうした環境の中で生き残るために必要な方法であるといえる。例えば，周囲の人の目から見ると，パーソナリティ障害をもつ患者は付き合いづらく，非常に自己破壊的であるが，これはもともと幼少期に生き残るために身につけた方法であるため，一概に悪いというわけではない。治療者は，大人になった今，不適応的コーピングスタイルをやめることができ，周りの人に嫌がられなくても中核的欲求を満たせる，ということを患者に伝える。

不適応的コーピングスタイルには3つある。1つ目は，服従と呼ばれるものであり，目の前で起こっていることに従うことである。例えば，人が自分を批判したり虐待をすることをそのままにしてしまうことである。2つ目は，回避である。感情や思考から回避したり，スキーマの引き金をひくような状況から

回避するコーピングスタイルである。最後の1つは，過剰補償と呼ばれ，スキーマと正反対の方向で行動することである。例えば，サイコパスをもつ患者や非常にひどい環境の幼少期を体験した人は，自分を傷つける人に反撃する方法として，サイコパス的な行動や反社会的な行動を身につけていることが多い。

　不適応的コーピングスタイルが幼少期の環境に対処するために身につけたものであると理解することによって，治療者は，動揺させるようなふるまいを見せる患者に怒りを感じたり，そのような患者を罰したいと感じるのではなく，患者に対して思いやりを感じ続けることができる。境界性パーソナリティ障害の患者は，過去にも多くの治療体験をもっていることが多いが，治療者がいつしか患者に対して不満をもち，患者の問題を責めたくなることがほとんどである。しかし治療者が患者のコーピングスタイルを責めると，患者はいっそう傷ついてしまう。例えば，「あなたとはもう会いたくない」「あなたは悪い患者だ」「あなたは本当はよくなりたいなんて思っていないんでしょう」などと言って患者を見捨てようとするが，これらは境界性パーソナリティ障害の患者にとって非常に傷つく言葉である。

　また，患者のコーピングスタイルが治療者に及ぶ際は，患者から怒鳴られたり，「悪い先生だ」「金が欲しいだけなんじゃないか」と言われるため特につらくなる。しかし，このような時にこそ思い出さなければならないのは，どれほど治療者が傷ついたとしても，患者の方には悪意があるわけでなく，治療セッションの中で引き金をひかれたスキーマに対して患者が対処しようとしているという点である。早期不適応的スキーマとコーピングスタイルについて深く理解しておくと，患者がセッションの中でどんなふるまいをしようとも，治療者の方は，思いやりや理解の念を維持することができ，治療的な取り組みを続けることができる。

4．より困難な事例と取り組むためのモードアプローチの開発

　モードアプローチは，重篤なパーソナリティ障害をもつ患者のために開発された。例えば，境界性パーソナリティ障害，自己愛性パーソナリティ障害，反社会性パーソナリティ障害をもつ患者には，オリジナルモデルではなくモード

アプローチを使用することが多い。

　モードアプローチ誕生のきっかけは，ある境界性パーソナリティ障害の患者である。その患者は最初のセッションで部屋に入ってくるなり，私に背を向けて窓の方に行ってしまい，窓をじっと見つめていた。こちらから「なぜそこに座っているのですか？　こちらに来て座りませんか？」と声をかけたが，彼女は返事をしなかった。それから，彼女は私の隣の椅子のところまでやってきて，手帳を広げ，中からナイフを取り出し，私と彼女の間のテーブルにおいた。その時私は直感的に感じた。「今どんな自動思考が浮かんでいるのか」とか「あなたがどんなスキーマをもっているのか見ていきましょう」などということは聞かない方がよい，と。それよりも治療関係の中で，つまり私と彼女の間で今まさに起こっていることを扱うことによって，それが何なのかを明らかにしなければならない，と感じた瞬間であった。また，非常に激しい情動が現れて危険な状態にある患者や変化が激しい患者に対しては，オリジナルモデルの構造やCBTのプロトコルに沿った展開ができないと実感した。どのようなことを考えたり感じたりしているのかを治療の最初に心理教育するのではなく，今まさに生じている感情を理解するということを最初に行うことにした。困難な患者であるほど，リストアップされたステップに沿うのではなく，今その患者がしていることに反応せねばならないため，決まったかたちでの構造やプロトコルでセッションを進めることは難しいのである。

　モードという概念を使うと，ほんの数分のうちに起こっていること，つまり今まさに治療者と患者の間で起こっていることに焦点を当て，患者の中の情動状態に名前を与えることができる。患者が怒っている時，回避している時，悲しさを感じている時，孤独を感じている時，そうした状況に応じて，異なる戦略を立てなければならない。基本的にはモードアプローチとは，スキーマやコーピングスタイルではなく，情動の状態に焦点を当てる方法であり，特性へのアプローチではなく，状態へのアプローチであると言える。換言すれば，セッションの外で生じていることよりも，治療者と患者の間で生じていることに焦点を当てる方法とも言える。患者と治療者の関係性が健康的になってはじめて，それを治療の外で起こっていることに般化させる方法を考えていくことができる。このように，「今・ここ」で生じている感情により多くの焦点をおくのがモー

ドアプローチの特徴といえる。

　また，モードモデルを使用する方が，不適応的コーピングスタイルに対応しやすい。例えば，回避や過剰補償を行う患者には，オリジナルモデルよりもモードモデルの方が有効であると感じている。ただし，治療者と患者の間で生じていることに焦点を当てるため，複雑な事例ではセッションの構造をより緩やかにし，より柔軟に対応しなければならない。

　そして，治療的再養育法を重要視するのもモードアプローチの特徴である。治療的再養育法とは，治療の初期において，親に相当する人物の役割をいくらか担うことを意味するが，詳細は後述する。また，モードアプローチでは，イメージ技法，対話技法，ロールプレイを活用する度合いが強い。

　困難なパーソナリティ障害の患者の治療を行う際，治療者自身のスキーマやコーピングスタイル，モードに焦点を当てたスーパーヴィジョンを繰り返す必要がある。例えば，非常に困難な自己愛的な患者に対応する際，ほとんどの治療者は自分のスキーマの引き金がひかれてしまう。例えば，そうした患者は部屋に入るなり，「先生のオフィスってすごく平凡ですね」「先生は医者じゃないですよね。それなら私の薬のことなんか分かんないですよね」などと言うだろう。あるいは，治療者がすること全てにそれが不十分だと批判をしたりする。そのような患者の前にいて，治療者の個人的な面が出てこないようにするのは困難であり，治療者は患者に反撃したい心境になる。スキーマ療法のモードアプローチのトレーニングでは，患者が治療者のスキーマの引き金をひいたことを認識し，セッションや患者を傷つけないような対応を教える。

5. スキーマモードの概念

　スキーマモードは，患者の中で今活性化されている感情，認知，行動のことである。つまり，特定の瞬間の状態であると言ってよい。引き金をひかれたスキーマ，患者が使っているコーピングスタイル，健康的な反応なども含めて全てモードに含まれる。別の見方をするなら，モードとは他の自己の部分とは解離しているような自己の部分であるということもできる。重篤なパーソナリティ障害であるほど，患者のもつモードの間の解離の度合いが強い。

6. モードアプローチの適用とモード戦略

　実際のセッションを例に挙げながら，境界性パーソナリティ障害の患者に対してどのようにモードワークを行うのかを紹介する。境界性パーソナリティ障害の患者には，主に4つのモードがあることが明らかになっている。すなわち，見捨てられたチャイルドモード，遮断・防衛モード，怒れる・衝動的チャイルドモード，懲罰的ペアレントモードの4つである。また，弱い状態ではあるが，実際にはヘルシーアダルトモードも存在している。ヘルシーアダルトモードに強くなってもらい，患者のもつ他のモードに対応できるようにしていくのが，モードアプローチのイメージである。

　見捨てられたチャイルドモードとは，愛着への欲求や安全感や安心感を満たすことに無力感を覚えた時に感じるモードである。このモードに患者がいると，落ち込んだり，失望したり，愛に飢えたりおびえたり，自分に価値がないと感じたり，愛されていないと感じる症状が現れる。このモードにおいては，患者が小さな子どものように見え，ふるまいや感じ方も子どもらしいものになる。

　遮断・防衛モードにいる時は，感情を遮断してしまっており，無の状態のようになる。そして，周りの人から自分を切り離すような行動をしてしまうのが特徴である。他のモードによる感情に圧倒されている患者にとっては，この遮断・防衛モードは患者が機能していくための唯一のモードである。例えば，怒りや欲求，自分は非常に悪い人間だという気持ちが出てきた時に，このモードがそれを遮断することで機能していくことができる。ただし，自分の感じていることは分からなくなってしまう。患者から離人的，虚無的な様子や倦怠感が見て取れる場合は，このモードに患者がいると考えてよい。物質乱用やアルコール乱用を行っていたり，自傷行為に至る場合もある。危惧されるのは，境界性パーソナリティ障害の治療法には，患者による感情の切り離しを強めてしまうものがあるということである。自分の感情から切り離されてしまうと，感情の全てから切り離されてしまうため，人とつながりをもったり親しく感じたりするなど，幸せな気分や喜びも感じることができなくなってしまう。さらに，誰しも感情を抑えつけて感じなくすることには大変な労力が必要であることから分かるように，境界性パーソナリティ障害の患者も，この遮断・防衛モードに

居続けることは難しく，別のモードへと急激に切り替わってしまう結果となる。そうなると，別のモードは，よりいっそう強い感情を引き起こすことになる。

　私が今スーパーヴァイズを行っている若手のスキーマ療法家を例に挙げよう。彼が治療している境界性パーソナリティ障害の患者は当初，非常に論理的，合理的で，自分の感情については何も語らなかった。特に問題も起こっておらず仕事もこなせているため，治療者としてはうまく治療できているように感じるような事例である。しかし，私は彼にこう伝えた。「注意してほしい。自傷行為やうつで入院した病歴があるから，このモードはそう長くは続かないだろう」。結局，数週間後，患者が実家の家族を訪ねた際に父親とけんかになったことが引き金となり，自傷行為が再開され，治療者に何度も電話をかけてくるようになった。その治療者は，「何が起こったんだろう？　彼女はよくなっていたのに」と言うが，私は「それは違う。彼女はよくなってはいなかった。感情を遮断していただけだったんだ。何かが感情の引き金をひいたから，怒れるチャイルドモードに転換してしまって，すっかり行動が変わってしまったんだ」と伝えた。このように，モードモデルを使用すると，境界性パーソナリティ障害の患者の気分状態がなぜよく切り替わってしまうのかが理解しやすくなる。さらに重要なことは，このモードにいると，一見健康そうに見えたとしても，本当の意味で治療を深めることができないということである。境界性パーソナリティ障害の患者がセッションの中で自分の感情を表現しないなら，一見健康そうに見えたとしても感情から切り離されており，治療が進まないことが多い。それゆえ，セッションの中で怒ったり悲しんだりすることを促さなければならない。もしそのことを患者に伝えなければ，セッションの中で患者に情動を感じさせることはできないし，情動が引き出された時にどのようにうまくそれに対処するのかも教えることができないからである。伝統的な認知行動療法が感情やその強度を減らそうと働きかけるのに対し，スキーマ療法のモードワークでは，まず感情を強めさせなければならないことが普通であり，そののちに患者に対してどのように情動に対処していくかを教える。

　3つ目のモードは懲罰的ペアレントモードである。このモードは他のものに比べて，最初のうちは理解しづらい。それは，認知（行動）療法家の認知に対するこれまでの捉え方とは直接的にはつながらないからである。人は親との関

わりを通じて，親の感情や考えを内在化し，少なくともある1つのモードを身につけ，そのモードの中で行動し，感じ，考えることになる。この懲罰的ペアレントモードにいると，幼少期に親が自分にしていたのと同じように，自分自身に語りかけることになる。例えば，「あなたはいつでも最善を尽くさなければならないのよ」とか「あなたがうまくやらないとすごく恥ずかしいわ」などと親から毎日聞かされていると，子どもの中に親と同じような口調の声が聞こえるようになる。大人になってからも，学校や仕事でうまくいかない時に，「私はだめだ。だめな人間だ。自分のことが恥ずかしい」などと心の中で自分自身に言うことになる。患者は，この声が実のところ親から学んだ声であるとは気づかず，これが自分自身の声であり，自分の信念の前提であると信じている。境界性パーソナリティ障害の患者は，このモードが特に破滅的な状態になっている。なぜなら，親は幼いころの患者に対して懲罰的で批判的な態度をとっていることが多いからである。例えば，「おまえはだめなやつだ」「おまえは甘ったれだ」「あんたが生まれなかったらもっと楽しかったのに」「おまえがだめなやつだから，友だちができないんだ」などといつも親から言われながら育つと，大人になってからも，幼少期にいつも言われていたのと同じ声が患者の中で聞こえるのである。問題なのは，大人になるにつれて，聞こえてくる声が親の声とは違ってきてしまい，自分自身が言っているように思ってしまうということである。これは，境界性パーソナリティ障害の患者が身体的な虐待を受けるような関係性に陥りやすいことの理由の1つでもある。自分は価値がない存在だから他者からそのような扱いを受けても当然だと感じているためである。この懲罰的ペアレントモードは，境界性パーソナリティ障害の治療において最も困難でかつ重要なモードである。そして，このモードに患者がいる場合は，患者のもつチャイルドモードをこのモードが批判するということが起きる。例えば，患者が見捨てられたチャイルドモードにいて，「愛情がほしい」とか「怒っているんだ」などと言った後に，何かのきっかけで懲罰的ペアレントモードに切り替わってしまうと，今度はこの懲罰的ペアレントモードが子どものモードに対して「愛情を誰かに求めるなんてあんたはだめなやつだ」と返すことになる。患者の自己嫌悪が非常に強く，自己批判的で，懲罰的である場合は，このモードに患者がいると考えてよい。そしてこのモードが自傷行為につながることも

ある。

　最後は，怒れる・衝動的チャイルドモードである。ほとんどの治療者はこのモードを見落とすことはないだろう。なぜなら，境界性パーソナリティ障害の患者は治療者や周りの人に怒りをぶつけることが多いからである。激しい怒りを示したり，衝動的だったり，要求がましかったり，相手を見下したり，操作的であったりすることが特徴である。

　モードアプローチの治療戦略は，治療的再養育法，スキーマモード対話，モードイメージ，認知的再帰属，怒りと衝動に対する限界設定，感情を喚起できるように遮断を克服すること，健康的で機能的な行動ができるように行動リハーサルを行うことなどが挙げられる。

7. モードに対するスキーマ療法の目標

　モードアプローチを境界性パーソナリティ障害をもつ患者に適用する場合，その目標は以下のようになる。まずは信頼関係を築くことで，遮断・防衛モードから切り離す。こうすることで，はじめて患者が自分の情動に触れることができるようになる。2つ目は，非常に集中的な治療的再養育法を行い，見捨てられたチャイルドモードが見捨てられた感や寂しいという気持ちを抱かなくて済むようにする。3つ目は，懲罰的ペアレントモードと戦い，親から言われて内在化されたものに耳を傾けなくても済むようにする。最後に，周りの人に怒りを向けるのではなく，より健全なやり方で求めていることをうまく表現できるようになり，欲求を満たせるようにする。

8. スキーマ療法の無作為化比較研究

　次は，スキーマ療法の効果研究について紹介する。この研究（Giesen-Bloo et al., 2006）は，オランダにおいて実施された研究であり，スキーマ療法と転移焦点化療法を比較した有名なものである。転移焦点化療法とは，Kernbergとその同僚らによって開発された心理療法を指す。境界性パーソナリティ障害の診断をもつ外来患者86名をスキーマ療法群と転移焦点化療法群に無作為に

割りつけ，4カ所の地域精神衛生センターにおいて1週間に2回のセッションを3年間にわたって実施した結果である。

まず，ドロップアウト率を比較すると，転移焦点化療法群は50％であるのに対し，スキーマ療法群は27％であり，転移焦点化療法群のドロップアウト率の方がより高いことが明らかになった。また，治療終結時において，スキーマ療法群の46％の患者が診断基準を満たさなかった，つまり完全な回復に至ったのに対し，転移焦点化療法群では24％であった点は注目に値する重要な知見である。さらに，1年後のフォローアップ時において，スキーマ療法群は52％，転移焦点化療法群では28％であり，完全に回復した人の数が増えていることが明らかになった。つまり転移焦点化療法群よりも再発が少なかったと言える。また，回復の評価基準を緩やかにして比較した場合，スキーマ療法群の66％の患者が信頼できる有意な改善が見られたのに対し，転移焦点化療法群では43％であった。

スキーマ療法の集団療法の効果研究（Farrell et al., 2009）についても紹介する。集団の規模は小さいが，境界性パーソナリティ障害の女性患者32名が，通常どおりの治療（Treatment as usual: TAU）のみの群と，それに加えてスキーマ療法を行う群のいずれかに無作為に割りつけられた。ここでいう通常どおりの治療とは，その時点で継続して行っている個人療法のことを指す。1回90分のセッションを8カ月間にわたって行い，全30回の集団スキーマ療法を実施した。その結果，通常どおりの治療のみの群のドロップアウト率は25％であるのに対し，スキーマ療法群では0％であり，通常どおりの治療のみの群の方のドロップアウト率が有意に高かった。また，スキーマ療法群は，通常の治療のみの群よりも，境界性パーソナリティ障害の症状や精神科的症状の全般的な重症度や機能障害が有意に減少していることが明らかになった。そして，94％の患者が境界性パーソナリティ障害の診断基準を満たさなくなったのに対し，通常の治療のみの群では16％であった。

以上の効果研究から，他の心理療法と比べて，治療終結時において自殺行動や自殺関連行動だけでなく，それ以外の症状の改善がある点が，スキーマ療法の効果として重要であると考えられる。

9. 治療的再養育法

　治療的再養育法とは，治療関係の適切な制限に配慮しつつ，幼少期には十分に満たされなかった患者の情動的欲求を治療者が満たそうとすることである。治療的再養育法は，他の心理療法では通常行われないことをいくつか行う。まず，スキーマ療法は典型的な治療よりも，患者に対する思いやり，温かさ，配慮，優しさの度合いが強いことが特徴である。スキーマ療法家のトレーニングでは，どのように治療者役割を演じるのかではなく，患者の前でどのように一人の人間になるのかを教えている。境界性パーソナリティ障害の患者に対応する場合は，治療者としてふるまうのではなく，本当の自分になるのが最善である。なぜなら，境界性パーソナリティ障害の患者は非常に敏感で直観的であるため，治療者が本当の自分を出していると感じることができない場合，患者の方から関係を切り離してしまうからである。治療初期の数カ月間は，患者の偏った信念を修正するということに力を注ぐのではなく，患者の感情を承認することに多くの時間を費やし，患者の感じ方が歪んでいることを指摘することは控える。また，患者から治療者の個人的な側面に対してどのように感じるのかを聞き続けることもスキーマ療法において大変重要な点である。他には，「私はあなたのことが好きですよ」とか「ペットを上手に育てていますね」など，患者を直接的に言葉で誉めるのも特徴である。患者の肯定的な洞察が育つのを待つのではなく，治療者から積極的に肯定的な声かけを行う。また，他の心理療法よりも，治療者自身の体験，感情などを自己開示しながら患者と共有する度合いが強い。患者の重症度に応じて，セッション外で患者と接触をもつのも特徴である。例えば，短い時間の電話やメール，携帯メールのやり取りなどを行う場合がある。いずれも，患者に対して声かけをする際，よい治療者ならどう声かけをするか，ということを考えるよりは，目の前の患者が自分の子どもであるなら，健全な大人としてどのような声かけをするのか，治療者は常に自問する必要がある。このように，治療的再養育法は通常の治療よりも患者との距離が近いが，この方法をとった方が境界性パーソナリティ障害などの患者に対して有効であることが明らかになっている。

10. 例：懲罰的ペアレントモードに対する取り組み

　ここで，懲罰的ペアレントモードに対する取り組みを例示する。この患者の親は非常に懲罰的な人であった。そして，この患者は現在境界性パーソナリティ障害と診断されている。

　対話の中で，この患者は自分がいかに醜いモンスターであるかを語っている。悪い子だ，悪い人間だ，と親から言われてきた影響によって，境界性パーソナリティ障害の患者は自分自身のことを非常に悪い，まるで「癌」のような存在だというように見ることが多い。

　Th：内に秘めた感情の全部を明かしたら，他の人はもうあなたを愛さなくなるとか，去っていくという感覚がある？
　Cl：ああ，そのとおりだわ。
　Th：なるほど。どうしてそんなふうに感じるんでしょうか？　あなたが感情的になったときのご両親の反応のせいかな？
　Cl：私は自分で悪い人間だとわかっているから。私の心の中にはゴミばかり。醜い怪物みたいな姿をしているでしょうね。真っ黒で気味の悪いものよ。
　Th：醜い怪物は感情そのものかな。それとも何か別のものかな。
　Cl：私がどういう人間なのかっていう，核心にある考えでしょう。
　Th：核心にあるのは自分が醜い怪物なんだってことだね。その証拠は何かって言われたら，どう答える？　はっきりと言葉にできない感情なのかな。はっきりと同定できないような感情なのかな。それとも，これこれの理由って挙げられる？
　Cl：それは心の奥深い部分にあってよくわからない。自分の過去の過ちは覚えているけど…さあ。
　Th：これだって断定するのは難しいんだね。ずっと思っていたのかな。それともある年齢から始まったものかな。
　Cl：そう思っていなかった時期なんて，記憶がないわ。自分の記憶がどこまで遡れるのかよくわからないんだけど，本当にそう思っていなかった頃の記憶がないの。つまり，ずっとそういう思いがあっても，言葉にはし

なかった。いつか自分の中で物体になって、はっきり見えるようになったわ。私がなにか経験するたびに、すごくよく見えるようになったの。
Th：絵を描くとすると、その醜い怪物はどんな姿をしているかな。
Cl：タールベイビーを知っていますか？
Th：もちろん。
Cl：真っ黒なタールのプールから出てくる、タールベイビーそのものよ。
Th：もし誰かがあなたの中のそれを見たら、見るに堪えないとかどんな反応をする？
Cl：受け入れがたいでしょう。見るに堪えないか見当がつかないけど、到底受け入れられないものです。

患者は自分の内側にある醜いモンスターの話をしたので、次は治療者からモードについての説明を行った。ここで特に強調したいのは、彼女の中の懲罰的な母親のモードである。これは彼女が小さいころの母親と同じような調子で自分自身に語りかけてくるモードである。

Th：8歳の幼い少女に思いやりをもてず、今でもこの女の子を責めている。あなたのお母さんもそう思っている。お母さんが常に正しいから、あなたがし続けることは道理だ。だからあなたは今もその少女を責め続けている。それにあなたは、一度、いや一度ならず自分を罰するために自傷行為に及んだと言ったね。自罰は大きなテーマですね。
Cl：ええ。
Th：…自分自身を責め、罰すること。残りの時間は自罰的な部分に働きかける作業をやりましょう。
Cl：いいわ。
Th：いいですか？
Cl：ええ。
Th：じゃあはじめよう。このセラピーで使う用語に、モードがあります。ここでは自分自身のさまざまな側面を指します。ひとつの側面は8歳の幼いパムで、悲しくて寂しくて誰からも構ってもらえない。それから、あ

　　　　なたに罰を与える懲罰的なお母さんの声がある。いろんなことであなた
　　　　を責めたり，あなたをけなしたり，責任を押しつけるようなお母さんの
　　　　声だ。それから，健康な精神を持っている大人がいる。あなたの論理的
　　　　な部分で，幼いパムに自信を与えようとする。懲罰的な母親が常にそこ
　　　　にいてもちゃんと役目を果たしてくれる。母親の側面はあなた自身の声
　　　　でも，実はお母さんから来ています。過去を振り返るときも現在でも，
　　　　あなたはそんなふうに自分を見つめている。こじつけみたいですが意味
　　　　が通じますか？
Cl：よく分かるわ。
Th：これをモードの用語に当てはめると，懲罰的な母親のモードは幼いパ
　　　　ムのことが好きじゃない。あなたは今ふたつの側面をもっていることに
　　　　します。一つは幼いパムの部分で，あなたはしょんぼりして誰からも愛
　　　　されない，欲されない，つまりタールベイビーだと感じている部分です。
　　　　そして懲罰的な母親の部分があって，あなたの声をしているけれど言葉
　　　　はお母さんのものだ。
Cl：ええ。
Th：幼いパムをずっとけなし続けている部分です。幼いパムのことがあま
　　　　り好きじゃない。このワークの主な目標は懲罰的なお母さんの声を取り
　　　　除き，幼いパムを愛し大事にするあなたの健康な部分だけにすることで
　　　　す。たえず聞こえてきてはあなたを責める別の声じゃなくてね。どう思
　　　　いますか。
Cl：理屈としてはよさそうです。
Th：ええ。
Cl：自分の子どもにそんなふうに話すことはありません。

　一般に境界性パーソナリティ障害の患者は，内在化された声という説明には納得をするが，その声に対して対処を行うことには無力感を感じることが多い。内在化された声を論理的な方法で小さくすることは難しいため，スキーマ療法では情動を扱うことのできる方法を使う。つまり，治療者が患者のイメージに入り込んで，小さなパムに批判的な態度を見せる母親に対して怒りを示すので

ある。登場する人物の声を借りた対話の中でモードを扱う方法は非常に感情を伴うが，論理的に話し合ったり検討する方法よりも，モードを扱う上で効果的であることが明らかになっている。この方法はスキーマ療法ではよく使われるが，他の心理療法ではあまり使われない方法かもしれない。

　パムは兄から性的虐待を受けていた。母親はたまたま部屋に入ってきた時に兄が性的な虐待を与えているのを見かけたが，それを止めるわけでもなく兄に続けさせてしまったというエピソードがあった。ここでは，イメージの中に入って，その時の母親に対して怒りを示す場面を例示する。

Th：あなたが感情を恐れているのはわかっています。でもあなたの感情は大切だから，ここでどんなに怒っても悲しんでも構わない。
Cl：わかったわ。
Th：心配しなくていいですよ。
Cl：はい。
Th：5分か10分眼を閉じたままにしてください。幼いパムをイメージしましょう。8歳の頃か，もう少し小さいぐらいの幼いパムです。タールベイビー姿のパムでもいいですが，実物の姿をイメージできるといいですね。イメージが浮かんできますか。
Cl：スナップ写真が2枚浮かんできました。
Th：何が見えますか。
Cl：…何歳かわからないけど，とても幼い私。たぶん3歳ぐらいでドレスを着て三輪車に乗ってる。髪の毛は長く，カールしている。印象的なのはとても悲しそうな顔をしていること。写真のなかでも悲しそう。
Th：その写真に命を吹き込んでみよう。映画のように写真の人が突然動き始めるように…
Cl：動き出す？
Th：動く，そうだね。イメージにある人たちに命を吹き込んでください。あなた自身にもね。幼いパムは今何を感じている？　イメージのなかで大人としてそこに登場して，幼いパムに話しかけてください。幼いパムが何を感じているか尋ねてください。

Cl：ひとりぼっちだって。
Th：ええ。どうしてひとりぼっちだと感じるか尋ねて。
Cl：周りに誰もいないの。周りにいる遊び友達はみんな年が離れている。同じぐらいの歳の子がいないの。

次は，私がイメージの中で母親に話しかける場面である。

Cl：背が高く，前に立ちはだかって上から見下ろしているわ。
Th：表情はどう。
Cl：怒り狂っている。
Th：怒り狂っている。あなたがお母さんを怒らせた？　それともいつも怒り狂っているだけ？
Cl：私の靴に擦り傷が。母の気に障っているのかな。
Th：今度はあなたのお母さんになって幼いパムに話しかけて。お母さんだったらどうするか考えて，擦り傷のことをしかって。どんなふうに言ったか聞かせてくれるかな。お母さんはどんな口調でしょうか。
Cl：もっと気をつけられなかったの？　騒音みたいなもので言葉にできないわ。ただ怒鳴って…
Th：それでいい。
Cl：私のせいでお母さんは悲しんでいる。
Th：あなたはまた自分のせいだと感じているんだね。お母さんの様子や口調から「悪い子」だとか自分のせいだって感じさせられるのかな。
Cl：ええ。
Th：なるほど。幼いパムは今どんなふうに感じている？
Cl：泣きたい気分。
Th：ええ。あなたは今，泣くのを我慢しようとしている？
Cl：ええ，そうよ。
Th：どうして我慢したいの。
Cl：泣けないの。泣くとお母さんが嫌がるから。
Th：わかった。

（中　　略）

Th：次に，幼いパムとあなたのお母さんと一緒に，わたしをイメージのなかに登場させてください。
Cl：わかったわ。やってみます。
Th：違和感があるでしょうが。
Cl：ええ，難しいわ…
Th：そうですね。これからわたしがイメージのなかでお母さんに話しかけます。壁か衝立があると安心かな。壁をはさんでお母さんが反対側に来るようにすれば，お母さんを危険と感じないでしょうか。壁があれば安心できますか。それとも要らない。
Cl：大丈夫。衝立は必要ないわ。あなたの後ろに立っていられる。
Th：じゃあそうしてくれる？　お母さんの声を演じられるかな。わたしはあなたのお母さんに話しかけます。ここからわたしは幼いパムではなくお母さんに話しかける。お母さんの名前は何て言うの。名字はやめておこう。ファーストネームは？
Cl：パット。
Th：パットとわたしは大人であなたは幼いパムで大人二人と一緒だ。パット。なぜあなたが自分の娘をこんなふうに扱えるのかまったく理解できない。本当にひどい。3歳の女の子に自分が悪いと思わせるなんて，あなたはどういう母親なんだ。靴に擦り傷をつくっただけだろう。3歳だから当たり前だよ。何が気に入らないんだ。どうして娘をこんなにひどくできるんだ。（Clにコーチする）あなたのお母さんになって，お母さんが言いそうなことを言ってみて。
Cl：わからないわ。
Th：想像してみて。お母さんになってどんな反応をするか考えて。
Cl：母は自分が間違っていると思っていないわ。
Th：じゃあそう言って。
Cl：私は何も間違ったことはしていないわ。私は娘にもっと気をつけるように言っているだけよ。
Th：誰かに話しかけるときは怒って言うものじゃないよ。

Cl：その靴は高いのよ。特別な靴だからもっと気をつけなきゃいけないわ。
Th：ええ。
Cl：娘の靴を買い換える余裕はないわ。
Th：ええ。3歳の子どもと8歳か9歳の子どもでは違いがあると思う？　それともみんな自分のすることに等しく責任があると思う？
Cl：誰もが責任があるわ。みんな物を大事にしなきゃいけない。
Th：へえ，どうかしているよ。
Cl：そういうものなの。
Th：あなたの考え方はわかった。あなたは自分がいつも正しいと思っているけれど，あなたは間違っている。わたしはあなたの言うことをもう聞く気はないし，幼いパムに向かってもうこんなふうに話をさせない。子どもだったら当たり前のことでパムを責めるなんてばかげている。あなたにはふつうの子どもがすることを分かっていない。幼いパムは子どもならだれでもやることをしただけなんだ。3歳児に自分の靴に気をつけるなんて無理だ。まったく現実的じゃない。でもあなたはどんなことも大目に見ようとしない。罰を与えるだけなんだ。従わなければ罰を与え，自分が悪いという気持ちにさせる。パムは一生頭の中であなたの声を聞きながら歩いていかなきゃいけない。あなたに今すぐ出て行ってほしい。あなたはパムにひどい仕打ちをしてきた。娘との接し方の分別が全くない。自分に都合がいいことしか考えていない。幼いパムの気持ちなどこれっぽっちも考えていない。パムの自信なんてどうでもいいんだ。あなたは自分の気持ちだけ。もううんざりだ。聞いてられないよ。わたしはこの小さな女の子がかわいそうでならない。3歳なんだよ。パムが泣いたらあなたは泣き止めと言う。それが3歳の女の子に対する接し方なのか。悲しい気持ちでいるときに泣き止めなんて。おかしいのはあなただよ。

　以上のやりとりから分かるように，治療者が母親にどのように反論するのを患者は聞いている。つまり，そのような話しかけ方をしてはならない理由や，話しかけ方が間違っているということを聞いている。治療者が患者側に立って親に反論するのを聞いていると，親の言うことよりも治療者の言うことを信じ

るようになる。

　この20分後の展開を紹介するが，すでに明らかな変化が生じていることが分かるだろう。今度は，イメージの中ではなく，目を開けた状態で対話しており，患者が健康な大人のパムを演じている。治療者が演じるのは，自分はだめな人間だと思っている彼女の中のある部分である。このような対話を通じて，彼女の中に聞こえてくる懲罰的な声に対して自分で言い返すことができるようになる。

　　Th：時間がなくなる前にもうひとつやってみる？
　　Cl：ええ，いいわ。
　　Th：よし，これはさらに大変だけど。
　　Cl：いいわ。
　　Th：わたしはコーチで言うべきことを教えます。思いつきにくいことを言ってもらいます。
　　Cl：ええっ，そうなの？
　　Th：わたしは幼いパムになって「自分は悪い子だ，いい子じゃない」って言うから，あなたは自分の子どもに対するようにしてください。
　　Cl：ええ。
　　Th：お母さんの子どもではなく，あなた自身の子どもとしてあなたのやりかたで話しかけてほしい。
　　Cl：分かりました。
　　Th：私はひどい子だわ。靴に擦り傷をつけちゃった。お母さんに言われてたのに。私はひどい子だわ。私のせい。
　　Cl：違うわ。あなたは悪くない。
　　Th：どうして？
　　Cl：まだ小さいもの。よくあることだわ。それに靴よ。たいしたことじゃないわ。
　　Th：もっと注意したらよかった。
　　Cl：たいしたことじゃないわ靴ぐらい。たいしたことじゃない。あなたに怪

我はなかったんだから。靴ぐらい。
Th：うん。でもお母さんは正しいはず。お母さんはいつだって正しかった。お母さんはいつも私のこと，悪い子だって言ってたから。お母さんは怒って，前にお母さんは…
Cl：あなたは悪い子じゃない。悪い子じゃないわ。
Th：でもお母さんの言うこと信じなきゃいけない。お母さんはいつも正しいから。（Clに小声でコーチする）『お母さんはいつも正しいわけじゃない』って言ってみて。
Cl：お母さんは正しくなかった。間違いもしたわ。お母さんはそう振る舞っていただけ。お母さんに原因があったのよ。あなたじゃなくて。
Th：そのとおり。あなたのことも同じです。『お母さんはあなたのためを思っていたわけじゃない』。言えるかい。
Cl：『お母さんはあなたのためを思っていたわけじゃない』。あなたに悪いところはないわ。
Th：『あなたはいい子よ』。
Cl：あなたはすごくいい子よ。
Th：そんな仕打ちに値するほど悪いことができるはずないわ。（Clにコーチする）じゃあそれをわたしに言って。
Cl：あんなひどく怒鳴られるほどひどいことが3歳児にできないわ。
Th：どうぞ，もうひとつやろう。苦しく感じるでしょう。（母親の役を演じ始める）お兄ちゃんのことで私のところに来ないで。こんな厄介なこと，私の手に負えないわ。こんなことにわずらわされたくないの。
Cl：あなたは私の母親でしょ。私を守るべきだわ。（突然強い口調になり，謝る）ごめんなさい。
Th：いや，今のは完璧だ。すごいよ。すばらしい。実によかった。もう一度言ってみて。
Cl：あなたは私の母親でしょ。私を守るべきだわ。
Th：だめよ，私はね，泣き止むように言ったでしょ。泣き言を言うのをやめるように言ったの。あなたは文句ばかり言ってる。お兄ちゃんがあなたを性的に虐待したからって何よ。そんなことでどうしてそんなに動転

しているの。
Cl：傷つくの。そんなの間違ってるし，私は嫌なの。あんまりひどすぎる。
Th：私はあなたにやめるように言ったでしょ。
Cl：できない。
Th：違う違う。『よい母親だったらお母さんがやめさせるわ』って言って。
Cl：よい母親なら自分でやめさせるはずだ。よいお母さんなら私を守ってくれるわ。
Th：『私だったら子どもたちには決して…』と言って。
Cl：私だったら絶対子どもにそんなことが起きないようにする。もし起きたらやめさせる。そんなこと続かせない。
Th：いいよ。
Cl：そんなことありえない。私だったら誰にも子どもをそんなふうに傷つけさせない。
Th：『私があなたを守るのはおしまい』。
Cl：私があなたを守るのはおしまいにするわ。守るのはお母さんの仕事のはず。お母さん，あなたの仕事だった。
Th：『私のせいじゃない』。
Cl：私は何も間違ったことはしていないわ。
Th：いいよ。今どんな気持ち？
Cl：怒ってるわ。
Th：お母さんに怒ってる？
Cl：ええ。
Th：お母さんに腹を立てて，どんな気持ち？
Cl：いいわ。
Th：自分自身に腹を立てるよりもいい気持ち？ それとも同じ？
Cl：いいわ。私の外だから私の中じゃなくて。
Th：そうだ。最後のワークでは，あなたが本当にそう思っているようでした。このエクササイズのあいだ，あなたは自分の言葉を信じていたと思います。ただ知的な側面から出てきたようでなかった。まさに…
Cl：ええ，自然に出てきたのよ。言葉がどこから出てくるのかわからなかっ

たわ。
Th：ああ，本当の感情が出てきたんだ。すばらしい。あなたは本当によい作業をしたよ。あんなことを言うのはきつかった？　それとも自然に出てきた？
Cl：自然に出てきた。出てきただけよ。
Th：それはあなた自身の母親の側面ですね。そのように自分の子どもに接しているんですね。

（以上，ThとClの対話部分は全て，「APA［アメリカ心理学会］心理療法シリーズ日本語版『スキーマ療法』（J. E. ヤング）日本心理療法研究所，2012年」より引用）

　以上がモードモデルによる治療の例である。ここで示した例は，懲罰的ペアレントモードを扱う方法であり，他のモードには違う方法を使う。患者がどのモードにいるかによって使う戦略や方法は異なる。
　非常に短い間ではあったが，治療者の援助によって，パムは母親に対する怒りを上手に表現することができるようになった。これが，懲罰的ペアレントモードに挑戦するスタート地点である。

11. スーパーヴィジョンで扱うべき よくある治療者の落とし穴とスキーマ

　境界性パーソナリティ障害の患者への対応において，治療者側のスキーマが問題となって陥りやすい誤りを紹介する。
　治療者が不全感を感じる場合は，治療者自身の厳密な基準のスキーマや失敗のスキーマが患者との関わりの中で引き金をひかれたことの結果である。また，治療者がよそよそしくふるまったり，厳格な態度をとったり，感情を交えないことがある。これは治療者自身がもともと自分の感情を切り離していたり，感情抑制のスキーマをもっている場合，患者の目から見ると人間味のない治療者として映ることになる。最も治療関係が破壊的になるのは，治療者のスキーマが過剰補償的である場合である。過剰補償とは，スキーマが何らかのかたちで

引き金をひかれると，その反応として反撃をするというタイプである。このスキーマをもつ治療者が境界性パーソナリティ障害の患者に傷つくようなことを言われて怒りを触発されると，治療者が患者に対して怒ったり，腹を立てたりしやすい。

書籍＆インフォメーション

最後に，スキーマ療法をより知りたい人のために，書籍やURLなどの情報を紹介する。

"*Schema Therapy: A Practitioner's Guide*"（Youngら著）は，スキーマ療法のバイブルと呼ばれる書籍であり，スキーマ療法を学びたい人のための入門書として最適である。日本では伊藤絵美氏によって翻訳されている。

"*Reinventing Your Life*"（Young & Klosko著）は，一般向けに書かれたスキーマ療法のセルフヘルプ本である。平易な言葉で書いてあるので，患者をスキーマ療法に導入する際に使うこともできる。近い将来，邦訳版が出版されることを期待している。

"*Schema Therapy for Borderline Personality Disorder*"（Arntzら著）は，上で紹介した効果研究の研究者が著した書籍であり，境界性パーソナリティ障害をもつ患者への治療について詳しい。

私の研究所であるSchema Therapy Institute（www.schematherapy.com）のホームページは，多くのスライドや質問紙が無料でダウンロードできる。また，様々な研修プログラムの詳細が掲載されている。

国際スキーマ療法協会（www.isst-online.com）のホームページには，スキーマ療法家の資格認定の情報が掲載されている。

＊本章の翻訳にあたり，竹田剛・片岡泉両氏（ともに大阪大学大学院人間科学研究科）の協力を得た。

文　献

1) Arnoud, A. & van Genderen, H. (2009) : *Schema Therapy for Borderline Personality Disorder.* Wiley-Blackwell, New York
2) Farrell, J. M., Shaw, I. A. & Webber, M. A. (2009) : A schema-focused approach to group psychotherapy for outpatients with borderline personality disorder: A randomized controlled trial. *Journal of Behavior Therapy and Experimental Psychiatry* 40(2), 317-328
3) Giesen-Bloo, J., van Dyck, R., Spinhoven, P., van Tilburg, W., Dirksen, C., van Asselt, T., Kremers, I., Nadort, M. & Arntz, A. (2006) : Outpatient psychotherapy for borderline personality disorder: Randomized trial of schema-focused therapy vs transference-focused psychotherapy. *Archives of General Psychiatry* 63(6), 649-658
4) Young, J. E. & Klosko, J. S. (1994) : *Reinventing Your Life: The Breakthrough Program to End Negative Behavior...and Feel Great Again.* Plume, New York
5) Young, J. E., Klosko, J. S. & Weishaar, M. E. (2003) : *Schema Therapy: A Practitioner's Guide.* Guilford Press, New York. 伊藤絵美監訳 (2008)：スキーマ療法——パーソナリティの問題に対する統合的認知行動療法アプローチ．金剛出版，東京

第4章　認知療法研究における質的研究の役割

岩壁　　茂

1. はじめに

　認知療法および認知行動療法は，数多くの心理障害に対してその効果が客観的な方法によって検討されてきたため，実証的基盤が整った心理療法と言えよう。もう一方で，データを数値におきかえず，言葉のデータをそのままのかたちで扱い，対象者の主観的体験の意味とプロセスに迫る質的研究は，1990年ごろから増えはじめ，心理療法研究において主要な研究法の一つとして定着しつつある（Creswell, 2007; McLeod, 1999）。質的研究では，これまでの科学的研究において重視されてきた客観性や統制に基づく妥当性や信頼性とは異なる「質」の基準を重視するため，量的研究の基準を十分に満たさない「ソフトサイエンス」として見るような誤解もまだ少なくない。そのため，すでに「エビデンス」アプローチとして認められつつある認知療法の研究においてなぜエビデンスとしての価値が不確かな質的研究が必要であるのか疑問に思う読者もいるかもしれない。しかし，質的研究は，これまでエビデンスを示すために使われてきた効果研究の研究デザインおよび研究パラダイムでは手が届きにくい現象を検討するために適切であるだけでなく，認知療法の効果をさらに高めるための手がかりを示してくれると期待される。

　本章では心理療法研究において，そしてエビデンス・ベースト・アプローチにおいて「エビデンス」とされるものについて見直し，認知療法におけるエビデンスの課題を示す。次に，質的研究の概観を示し，認知療法のプロセスと効果の理解にどのように役立つのか示すために，グラウンデッドセオリー法を用いたインタビュー研究，課題分析，系統的事例研究法という異なる3つの質的

研究法とそれぞれの主要な研究例を紹介する。

2. 実証的に支持を得た心理治療

　心理療法において，実証的支持を得た介入方法は，エビデンス・ベースト・アプローチ（Evidence-based approach）として知られている。これは，心理療法および心理的介入に科学的標準を定め，乱立するアプローチから臨床家が効果的なアプローチを選ぶための指針を与える試みでもある（Norcross et al., 2006）。医療費の増大が財政に及ぼす負担を軽減することを目指し，次々と開発される最新の抗うつ薬に対して心理療法の費用対効果を示す必要性にも後押しされている（Bohart et al., 1998）。北米では，アメリカ心理学会第12部会（臨床心理学）が実証的に支持を得た心理治療（Empirically Supported Treatments: ESTs）のリストを提供しはじめてすでに15年が経過し（Task Force on Promotion and Dissemination of Psychological Procedures, 1995），イギリスやドイツでも同様の動きが広まりつつある。現在までにDSM-IVに定義される数多くの心理障害に対して200を超える心理療法アプローチまたは介入法が認定され，その大多数は認知行動療法である。

　ESTsの選定では，客観性と方法的厳密さが原則として強調される。特定の心理障害をもった人たちを介入群と対照群に無作為に割り当て，介入マニュアルどおりに介入を実施し，様々な尺度を用いてその効果が薬物治療，プラシーボ，またはその他の介入よりも優れているか客観的に検討される。ESTsとして認定されるには，すでにエビデンスが示された心理療法と同等の効果があると2件以上の効果研究によって示されなければならない。

　現在，ESTsは，かなり強い影響力をもっている。まず，アメリカでは保険の適用に関して，ESTsにリストアップされた心理療法を対象とするようになり，面接回数の上限，心理療法の対象となる心理的問題，などが限定されるようになった。もう一方で，長期療法を必要とするパーソナリティの問題などが保険の対象から漏れることになった。また，大学院における教育訓練もこのリストに加えられた介入を扱うようになっており，現在約半数以上の大学院で，認知行動療法中心の訓練が行われている。

クライエントの問題に合った介入を，セラピスト個人の志向ではなく実証的データに基づいて選択するというのは，極めて理にかなったことであり，常にその科学性が疑問視されてきた心理療法において，実証的基盤が実践を支えるという理想に近づいたとも言える。しかし，このような実証基盤の作り方に関して様々な問題も指摘されている（Bohart et al., 1998; Wampold, 2001）。次に「実証的支持」またはエビデンスが何を指すのか，エビデンスの源とされている効果研究の知見をより詳しくみることによって，エビデンスの実態について考えていく。

3. ESTs の成功率

実証的に支持された心理療法は，少なくともその成功率が高く，他の心理療法よりも効果的であるという印象があるため，そのアプローチを使うことが絶対的に支持されると思い込んでいる臨床家も少なくない。Westin らは，ESTs として認定された心理療法が，強迫性障害，パニック障害，全般性不安障害，心的外傷後ストレス障害，うつに対してどの程度効果的なのかということを先行研究のレビューから示した（2005）。**図1**のように，ESTs による改善率は，

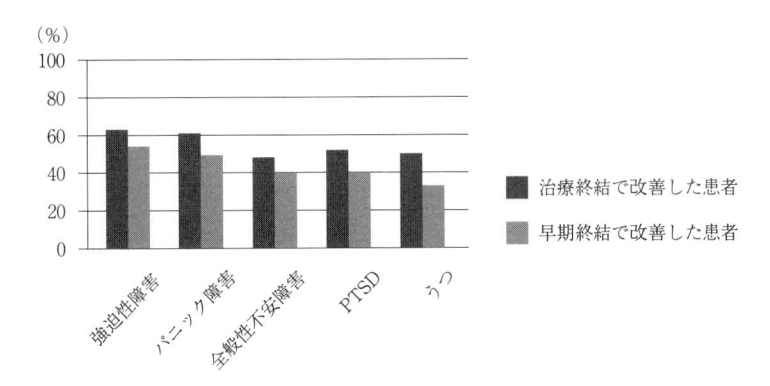

注）Westin, D. & Bradley, R. (2005): Empirically supported complexity: Rethinking evidence-based practice. *Current Directions in Psychological Science* 14, 266-271 から筆者が訳出して作成。

図1　早期終結と治療完了群による改善率

うつの50％から強迫性障害の60％までであり，40％のクライエントは，規定された回数の面接を受けても症状が有意に改善されなかった。**図2**には，介入終結後12カ月から24カ月後のフォローアップ時の改善維持率を示した。うつと過食症では改善維持率は，30％程度であり，介入を受けた全体の30％から40％のみが改善を維持していたことになる。つまり，ESTsとして認められた心理療法であっても，改善の余地がかなり残されている。改善を見せないクライエントに何が起こっているのか知ることは，ESTsの効果を高めるために重要な課題である。

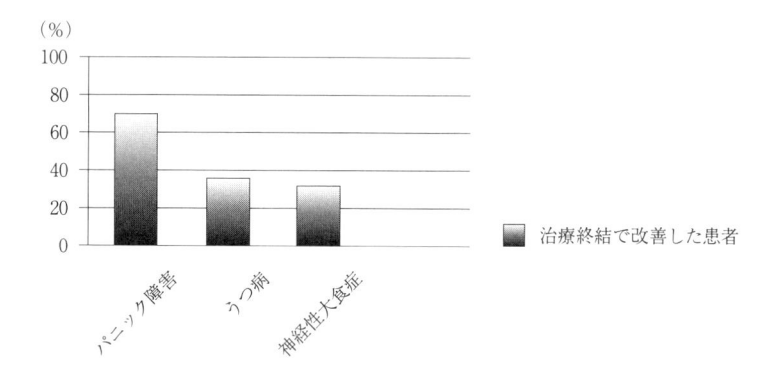

注）Westin, D. & Bradley, R.（2005）: Empirically supported complexity: Rethinking evidence-based practice. *Current Directions in Psychological Science* 14, 266-271 から筆者が訳出して作成。

図2　12カ月から24カ月のフォローアップ時の改善維持率

4. 効果の仕組み

効果研究によってそのエビデンスが示されても，その効果が理論によって規定された変容のメカニズムによって起こったのか，つまり効果をもつとされる介入によって起こされたのか，という重要な問題が残っている。上に挙げたWestinらによる分析では，規定回数の面接を受けずにドロップアウトした協力者のかなり多くが改善を見せており，その割合は規定回数の面接を完了した群と大きく変わらないため，改善は必ずしも認知行動療法の理論に規定された

とおりに起こっていない可能性があることも示唆された。また，アメリカ国立精神保健研究所が行った，うつに対する認知療法，対人関係療法，イミプラミン群，プラシーボ・臨床管理の4群の比較効果研究では，全16回（約4カ月）の治療が行われたが，どの群も同程度に効果的であり，薬物治療と心理療法の効果に差が見られなかった（Elkin, 1994）。効果と最も強く関係していたのは，認知療法や精神力動療法の介入マニュアルに規定された介入ではなく，治療関係の質であり，臨床管理群，薬物治療群でも同様の効果が見られた。

　AblonとJonesはQ-Sortを使って認知療法と対人関係療法の面接プロセスを比較したところ，セラピストの介入の仕方は，それぞれの理論モデルと一致していた（1999）。しかし，効果と相関をもつクライエントの作業は，2つのアプローチで違いがなく，クライエントが「理解された」「強い感情体験をもった」「理解・洞察に達した」ことや，「面接過程において感情的に入り込んでいる」「面接での作業にコミットしている」「心理療法に関して肯定的な期待を表す」ことなどであった。つまり，効果と関連するクライエントの作業は2つのアプローチで異なっておらず，認知療法において効果をもつと仮定される認知の変容と関係していなかった。

　Ilardiらは，うつに対する認知行動療法の効果がいつごろまでに現れるか調べたところ，第3週目までに効果の全体の約55％の変化が起こっており，第4週目には60％～70％の変化が起こっていた（Ilardi & Craighead, 1994）。16回から20回程度の面接を想定する認知行動療法では，はじめの数回の面接は，治療関係を作り，認知療法の考え方をクライエントに説明し，行動や認知を変化させるための情報を集めるのが中心であり，認知療法特有の変容を起こす認知の再構成は，第5回目の面接くらいまで導入されない。認知行動療法では，はじめの4週間は，週に2回の面接を行い，「勢い」をつけることを奨励しており，Ilardiらが分析したデータでも第3週までに最大で6回の面接が行われていた可能性も否定できないが，効果をもつと理論的に想定される介入の前に数度の面接のみで肯定的な変化を見せた可能性が示された。このようなクライエントは，「早期改善者（early responders）」と呼ばれ，理論アプローチを超えて共通する治療的要因（治療関係の確立と希望の高まりなど）が大きく作用していることから起こると考えられている。

このように，認知行動アプローチの確固たる効果は示されているが，まだ改善を見せないクライエントが数多くいることから，治療的困難，または失敗について調べることが必要である。また，認知行動療法において効果をもっている治療的作業は理論によって仮定されるメカニズムによって十分説明されているとは言いがたい。そこで，何が変容と関係しているのかより明確にしていくことも重要であり，この2つの課題領域において質的研究が多いに役立つ。

5. 変わりゆくエビデンスの定義

1995年にアメリカ心理学会第12部会によって打ち出されたESTsの制度では，方法的客観性を重視し，無作為化臨床試験の厳密さを理想とした効果研究と一事例実験のみを効果を示す研究とした。しかし，マニュアル化された短期の介入のみがESTsの認定を受ける点，これまで効果研究のメタ分析でもっと治療効果に占める割合が大きいことが分かっている共通治療要因ではなく，特定の介入法の効果を強調している点，パーソナリティ特徴，文化社会的要因，共存症などを扱わないことに関して批判が集中した（Messer & Wampold, 2002）。1999年には，アメリカ心理学会第29部会（心理療法）が，独自の特別委員会を設置し，治療関係と関わる変数の効果研究とメタ分析の知見を総合した「エビデンスに基づく治療関係」という見解を示した（Norcross, 2001, 2002）。2011年には，これらの分析をさらに進め，治療効果の大きさと確からしさから「効果的であることが実証された」「おそらく効果的である」「期待されるが，判断するために十分な研究知見がない」という3つのエビデンス水準のグループに共感，作業同盟，純粋性をはじめとした治療関係と関わる変数とその調整に関わる概念を整理した（表1）。これは，治療関係と関わる変数の効果が理論モデルや介入の違いによる効果よりも大きいというこれまでのメタ分析の知見を反映し，プロセス研究を含めた幅広い心理療法研究の知見によりしっかりと根ざした方針であると言える。Norcrossらは，治療関係は，クライエントがなぜよくなるのかということに関して，少なくともどのような治療法が使われるのかと同じ程度の影響力をもっており，治療関係に対する考慮がないとき，エビデンス・ベースト・プラクティスは，不十分であり，誤解を生

表1 治療関係に関するエビデンスアプローチの結論

エビデンスの水準	治療関係の要素	調整の方法
効果的であることが実証された	個人療法における作業同盟 思春期の若者の心理療法における作業同盟 家族療法における作業同盟 集団療法におけるグループの凝集性 共　　感 クライエントからのフィードバックを得ること	抵　抗 好み・嗜好 文　化 宗教・スピリチュアリティ
おそらく効果的である	治療目標に関する合意 協　働 肯　定	変容の段階 コーピングスタイル
期待されるが,判断するために十分な研究知見がない	自己一致・純粋性 作業同盟の修復 逆転移を扱うこと	期　待 アタッチメント

注) Norcross, J. C. & Wampold, B. E.（2011）: Evidence-based therapy relationships: Research conclusions and clinical practices. *Psychotherapy* 48, 98-102を筆者が訳出した。

むとの声明も出している（Norcross & Wampold, 2011）。

　2006年に，当時のアメリカ心理学会会長だったRonald Levant主導の特別委員会は，エビデンスに基づく心理実践（Evidence-based practice in psychology: EBPP）を「クライエントの特徴，文化，嗜好の文脈において可能な最良の研究知見と臨床的専門性を統合すること（2006, p. 273）」と定義している。これは，効果が証明された心理療法アプローチを心理障害別にリストアップするESTsの制度とエビデンスの捉え方が異なる。まず，焦点は，特定の心理障害に対して効果的とされる治療アプローチを選ぶことではなく，一人一人のクライエントに適したアプローチを，研究知見に基づき臨床的専門性を最大限に活かすように組み立てることに重きがおかれている。また，ここでいう研究知見とは，効果研究を最も優位なものとするのではなく，それがより包括的に多様な研究法から得られるデータから織りなされるという考えに基づいており，方法的多元主義へと大きな転換があった（APA Presidential Task Force on Evidence-Based Practice, 2006）。**図3**に表されているように，面接で起こるやりとりに注目するプロセス研究，一人一人のクライエントにおいてどのように介入が展開されるのか明らかにする事例研究，生きられた体験とその意味

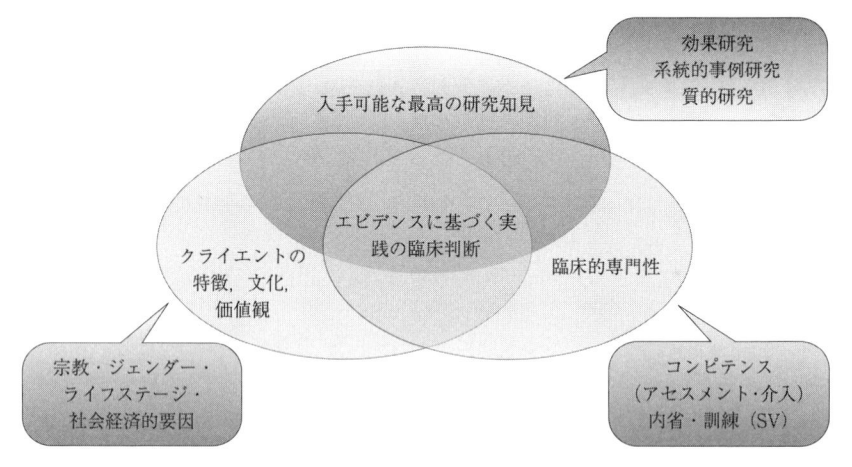

注) APA Presidential Task Force on Evidence-Based Practice (2006): Evidence-based practice in psychology. *American Psychologist* 61, 271-285 をもとに筆者が作成した。

図3 エビデンスに基づく実践の3つの要素

ベン図の要素:
- 入手可能な最高の研究知見（効果研究、系統的事例研究、質的研究）
- クライエントの特徴、文化、価値観（宗教・ジェンダー・ライフステージ・社会経済的要因）
- 臨床的専門性（コンピテンス（アセスメント・介入）、内省・訓練（SV））
- エビデンスに基づく実践の臨床判断

に注目する質的研究，より一般的な心理学的研究の知見もエビデンスの一部として認められている。

6. 質的研究

質的研究は，社会学，人類学をはじめとした人文・社会科学の様々な領域において発展し，その変遷とともに，質的研究という言葉が指す対象も変化してきた（Denzin & Lincoln, 2000）。Polkinghorne (2005) は，質的研究の主要な目的は，体験がどのように生きられ，気づきの中で構成されるのか，描写し，それを明らかにすること (p. 138)」と定義している。質的研究では，個人的体験，内省，ライフストーリー，インタビュー，文化的文献，観察に基づくテキスト，歴史的文献など，個人の生き様や，その意味を描写するすべての題材をデータとして集めて使う。そして，そのようなデータを，数値に置き換えず，その世界と意味をもっとも鮮明に読者に訴えかけるようにまとめられる。また，人々が生きる体験をできるだけ，その文脈の中で理解するというのが質的研究の中心的な特徴である（Morrow, 2007; Ponterotto, 2005）。

表2 異なる質的研究法の比較

	ナラティブ研究	事例研究	グラウンデッドセオリー	現象学	アクションリサーチ	エスノグラフィー	ディスコース分析	会話分析
最適なリサーチクエスチョン	問題を理解するのに、詳細にわたる語りが役立つ	ある特定の事例が問題に関して情報を与えてくれる	その問題に関して、理論が存在しない、または理論的理解が十分ではない	ある現象に関しての「生きられた体験」について理解したい	コミュニティー・現場における問題を解決し、変化をもたらしたい	ある文化や社会における人々の暮らしをそのまま理解する	ある社会に作用する言説や社会的通念、支配的思想、政治的権力を可視化する	ある生活場面における会話や対話のパターンや規則を理解する
学問的背景	人文科学	心理学・法学・政治学・医学・ビジネス	社会学	哲学・心理学・教育学・芸術学	社会科学全般	人類学	言語学・哲学・文学	社会学・言語学
分析の単位	一人か少数の個人	出来事一個人、社会的な企業、複数の人たちの相互作用	プロセス、行為、複数の人たちの相互作用	その体験を共有する数名の人たち	コミュニティまたは現場全体	ある文化・社会集団	ある時代・文化背景における社会的現象	特定の場面、トピックに関して繰り返される会話
データ収集の方法	インタビュー・自伝	複数の形態を組み合わせる、インタビュー、観察、評定尺度、外部資料	主にインタビュー（参与観察データ）	主にインタビュー、観察、芸術作品、その他の資料が使われることがある	量的データ、質的データがともに使われ、研究の状況に対応	フィールドワーク（参与観察、インタビュー）、文献	すでに発表されている出版文書、映画、テレビ、広告などのメディア	自然発生的な会話場面の録音、インタビュー、フォーカス・グループ
データ分析の方法	年代史、語りの再構成、ディスコース分析、語りの評定尺度を使ったコード化	ケースの中心テーマ、変化のテーマ、プロセス、複数のケースに共通するテーマでの分析	オープンコード化、カテゴリー化、理論コード化（理論的サンプリング）	現象学的描写、テーマの抽出、現象の本質の抽出（現象学的還元）	コミュニティーが研究方法や研究の意思決定に参加する。量的・質的方法	様々な種類のデータを統合する（フィールドワーク、観察・公開資料・文化資料）	メタファー、暗示されるテーマ、通念、イメージの同定	言語的分析。コード化によるパターンの特定
構造化の度合い	構造化は、研究によって異なる	ある程度構造化、枠組みを設定	アプローチによっては構造化されている	ある程度枠組みが設定されている	構造化は、研究によって異なる	構造化されていない	構造化されていない	構造化は、研究によって異なる

注）Creswell et al.（2007）: Qualitative research designs: Selection and implementation. *The Counseling Psychologist* 35, 236-264 の p. 241 と p. 242 をもとに筆者が付け加えた。

これまでに様々な質的研究法が開発されており，それぞれ対象やデータの種類が異なっている（表2）。たとえば，グラウンデッドセオリー法や現象学的アプローチは，人々がどのように世界を体験し，主観的現実を作り出しているのかということに注目し，主にインタビューを通してそれを明らかにする（Fassinger, 2005; Wertz, 2005）。エスノグラフィーは，儀式や社会的な慣習などに注目し，主にフィールドワークを通した観察から，人々がどのようにして社会や文化的活動を営んでいるのか示す（Suzuki et al., 2005）。心理療法の研究では，これまで特定の経験をもつ人たちの心理プロセス（たとえばうつや摂食障害，そしてその心理療法を経験した人たち）をモデル化するグラウンデッドセオリー法に関心が集まってきた（McLeod, 1999; Rennie, 1994）。また，心理療法プロセスを研究するために開発された合議型質的研究法（Consensual Qualitative Research: CQR: Hill et al., 1997; Hill, 2011），包括的プロセス分析法（Comprehensive Process Analysis: CPA: Elliott et al., 1994）などもある。また，量的方法と質的方法を組み合わせた課題分析（Greenberg, 2007），系統的事例研究法（Fishman, 2005）にも関心が高まっている。

7. 質的研究の目的

質的研究は，どのような目的に向けて，実施されるのだろうか。質的研究は，自由記述の回答を集めたり，インタビューを行うことによって，尺度の項目作成や，量的研究を行う前段階の予備調査として，または量的研究の結果の解釈のてがかりを得るための補足的な事後分析として使われることが多かった。しかし，質的研究は，量的研究を補足するだけでなく，量的研究とは異なる研究目的のために使われる（Morrow, 2007）。

質的研究は，「なぜ」ではなく，「どのように（how）」や「何を（what）」に関する問いに答えようとする（表3）。質的研究は，それまでに先行研究が少ない領域の現象について扱うために役立つ（Hill et al., 1997）。見落とされやすい現象の特徴や諸側面を浮き彫りにし，その概念を包括的に定義する「理論構築」に役立つ（Creswell, 2007; Glaser & Strauss, 1967）。また，人が自分の体験からどのように意味を作り出すのかということを理解するために役立つ

(McLeod, 1999; Polkinghorne, 2005)。インタビューなどを通して，対象とする人たちの感じ方や考え方，物事に対する見方についての情報を集めることによって，質問紙や観察では到達できない「意味」の世界に接近する。

　質的研究は，ある現象を深く掘り下げて詳細にわたり記述するのにも適している。質問紙を使った研究では，数多くの被験者からデータを集めて，平均値や標準偏差のように全体的傾向をおおまかに捉えるが，質的研究では，複雑なプロセスや幾層にも重なった体験の意味と時間的に広がりを捉えることができる。臨床家は，不特定多数の人たちの「平均的傾向」について知るよりも，ある特定の文脈においてどのような体験がされるのかということについて，その体験をもった人たちの生の言葉にふれることから学ぼうとする。心理療法における新しい理論や介入の開発において，少数の事例を細かく分析することが重要な役割をもってきた（McLeod, 2010）。心理療法は個人を相手として，その

表3　質的研究と量的研究

	質的研究	量的研究
対　象	プロセス・意味	量・強度・頻度
描写・記述	詳細にわたる記述，細かな差異を重視	細かな差異や分厚い記述よりも変数とその関係を抜き出すことを重視
現　実	社会における様々な体験がどのように作られているのか（プロセス）	変数の正確な測定とそれらのあいだの因果関係を確立する
研究者と対象者との関係	研究者と対象が親密な関係を作り，維持する（協力者・情報提供者）	研究者と対象の関わりはできるだけ減らすことにより客観性を確保する（被験者）
価値観	研究のすべての段階において研究者の価値観を染み渡らせる	研究者は自身の価値観が研究対象やリサーチクエスチョンにできるだけ影響を与えないようにする
知見の役割	特定の個人，一定の時間・空間に限られた知見	一般化できる法則
視　点	個人の視点を重視	全体的傾向，平均値
研究の質	信憑性・解釈の妥当性	妥当性・信頼性

個人の語りから主観的見方を理解することがその成功の鍵を握っている（Fishman, 1999; Miller, 2004）。そのため，インタビューを通して個人の世界に接近する質的研究のデータ収集方法は，臨床実践と適合した研究法とも言える。

8. 質的研究とパラダイム

　質的研究の位置づけについて考える上で見落とすことができないのは研究パラダイムに関する議論である。パラダイムは，何を研究の対象とするべきか，どのような研究課題を取り上げ，それに対してどのような方法を使って答えるべきか，そのような研究から得られた知見はどうやったら正しく解釈されるか，などといったことを定める。パラダイムには大きく分けて，存在論，認識論，価値論，方法論という4つの側面がある（Guba & Lincoln, 1994; Hoshmand, 1994）。どれも研究者がもっている世界に対する見方を示す。それらは，研究という活動の基盤となる前提（assumption）であり，信念（belief）である（Kuhn, 1962）。存在論とは，人間とは何か，現実とは何かという物事の「本質」に関する立場を表す。次に認識論は知識論とも呼ばれ，「人はどうやったら物事を正しく知ることができるのか」「何を知ることができるのか」「客観性は（どうやって）達成できるのか」ということに関わる。価値論は，「人はどんな社会的価値に基づいて研究を行うのか」「どのような価値を社会に提示するのか」という点に関わる。最後に方法論は，「どうやって知識を集めることができるのか」「どんな基準を設定すればよいのか」ということに関わる。

　表4に挙げた代表的な研究パラダイムはそれぞれから完全に独立しているわけでも境界が常に明確に引けるわけでもない。多くの場合，1つの研究は大きな内的矛盾や不整合性をかかえずに2つ以上のパラダイムにまたがっている。これまで，質的研究は，効果研究の土台となってきた実証主義的パラダイムの基準から，研究者の主観性が混じり込み，客観性や統制という点で劣った研究として見られる傾向があった。しかし，質的研究は，主観性を積極的に取り込み，研究者の創造性，直観，内省を重視する他のパラダイムに基づいていることもあり，それらの「質」の基準から優れた研究と考えられるかもしれない。

表4 研究パラダイムの特徴

	存 在 論	認 識 論	価 値 論	方 法 論
実証主義 (positivism)	一つの客観的現実が存在し、それを正確に捉え、理解できる。	知の主体は、対象から完全に切り離され客観性が達成できる。統制された条件下で一般法則を確立することが重要。	科学は統制された条件の下に行われ、研究者の価値観による影響は受けない中立的な営みである。	実験、準実験、サーベイ、相関研究から事実、法則を引き出し、予測を目指す。無作為化、厳密な測定することが重要。
ポスト実証主義 (post-positivism)	客観的現実は存在するが、それを完全に理解できないけれど、漸次的に接近していくことは可能である。	知の主体は、対象から完全に切り離されない。研究者の主観はある程度統制できる。記述・探索的研究の価値を認める。	研究者の価値観が研究の結果に影響を与えないように統制することが重要である。	厳密な方法手続きに基づいた質的研究、頻度の分析、統計、相関研究。
構築主義 (constructivism)	個人はそれぞれの主観的現実の中に生きており、現実を自分のやり方で構築している。個人が意味や価値観を作り出すプロセスが重要。	知は人間にとって文化と社会を通して歴史的さを「構築」されるのであり、研究は、研究者と協力者が協働で理解を構築するプロセスである。	個人と社会文化的要因が絡み合い、現実とその意味を作り上げるプロセスを理解することが重要。研究者の価値観の影響を積極的に認める。	系統的事例研究、語りの研究など。個人の世界が様々な影響を受け、個人がどう関わっているか、その複雑な絡みを理解する。
社会構成主義 (social construc- tionism)	何が事実かということは、社会的に構成され、政治的な力に影響を受ける。事実が伝えられるコミュニケーションに対する社会の権力の影響が重要。	知は言語によって制限されている。その表現は社会政治的力によって制限されるため、力を制限する社会的要因を分析する。	より自由であり、オープンな理解を妨げる社会・文化的プロセスを理解し、抑圧を指摘し、改革することが研究の役割である。	折衷的。社会的言説の分析。個人のインタビューから社会的影響について明らかにする。
フェミニズム (feminism)	人種、階級、ジェンダーなどに基づく社会的な差別を問題視し、個人の人権の獲得を目指すこと、社会的に作られる現実の問題点を問う。	知は主観的であり、政治的影響を受ける。研究者の価値観が研究に強く影響する。	ジェンダーにかかわらず個人の人権の獲得と不平等な制度などの構造の改革を目指す。研究目体が社会的変革の企てである。	折衷的。社会的役割の分析など現在の社会・権力の構造の問題点を指摘し、それに対する社会の気づきと問題意識を喚起する。

第4章 認知療法研究における質的研究の役割　91

9. 質的研究のプロセスと方法

質的研究では多様なデータを多様なやり方で扱うが，ここでは，異なる質的方法に共通するデータ収集と分析のプロセスについてふれる。量的研究には，明確で直線的な流れがある（岩壁，2010）。中心にあるのは，研究仮説の検証であり，それが客観的に行われることを保証するために，統計的仮説を立て，その仮説を検証するためにデータ収集法と分析法を定め，その計画を途中で変更せずに実施し，その判断を統計的検定へと委ねる。もう一方で，質的研究はより循環的なプロセスである（図4）。「クライエントは認知再構成法をどのように体験するのか」「うつからの回復過程を個人はどのように体験しているのか」など開かれた質問のかたちで設定されたリサーチクエスチョンからはじまる。データ収集とデータ分析が繰り返され，そのたびにリサーチクエスチョンがより絞り込まれ，次にどのような対象者を選び出し，どのようにデータ収集の方法を修正するのか，ということが決められ，分析が深まり厚みをもつように進められていく。量的研究におけるサンプリングは，系統的な偏りを統制し，研究者の意図によりデータ収集のプロセスが影響されないように配慮する。も

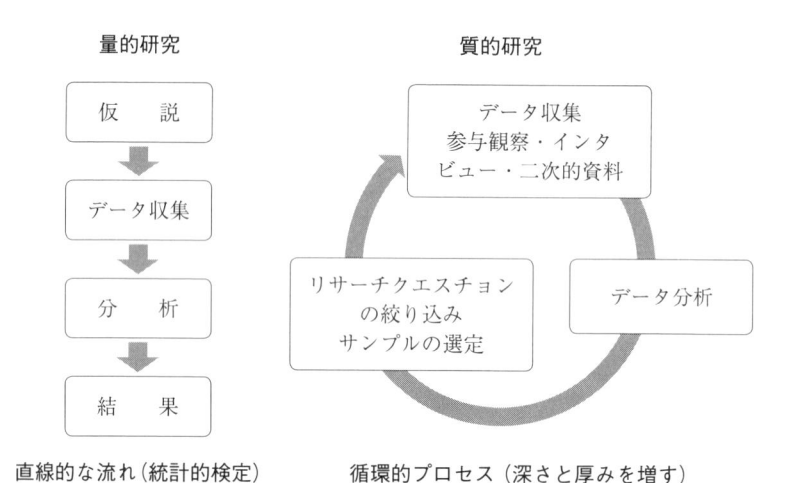

図4 量的研究と質的研究のプロセス

う一方，質的研究では，様々なサンプリング法を組み合わせ，最も適した協力者を選び出し，研究の進行とともにサンプリングの仕方もより焦点化されていく。これは合目的サンプリングと呼ばれる。サンプルの大きさよりも質を高めることに注意が向けられる。自分の体験について気づき，それについて語ることができる対象者から協力を得ること，彼らがより深い体験について語りやすいような協力関係を築くこと，インタビューアーのスキルと経験，また長期にわたる関わり，などがサンプルの質と関係している。

　質的データ分析には大きく分けて3つのステップがある。まず，インタビューによって集めたデータにその内容やテーマを示す名前をつけるコード化の作業である。コードは異なる協力者から得られたデータを照らし合わせるために使われる索引の役割をもっている。この段階では，データが意味することをできるだけ多く洗い出す。次に複数の類似したコードを集めて，共通するテーマや意味をまとめ，それらを包括するより抽象的なカテゴリー化・概念化の作業があり，データの意味を凝縮させ限定していく。さらに，これらのカテゴリーから，より抽象度の高い上位のカテゴリーを作ったり，カテゴリー間の関係を概念化していく段階がある。これらの3つのステップを通して研究者は自らの考えや仮説をメモとして書き留め，研究プロセスを記録する。また，データの分析を通して，複数のケースの体験の特徴をまとめたケースマトリックスなどの様々な表を作ったり，体験の流れをフローチャートのような図を作って表し，異なる協力者から得られたデータを比較し，共通するテーマを抜き出しやすいように工夫する（岩壁，2010）。

10. 量的研究と質的研究の「質」

　質的研究は，その研究の基本的な方向性を与える研究パラダイムが異なるため，単に「量的」か「質的」かという区別ではなく，基盤となるパラダイムにそった質の基準が必要である。**表5**には，Pattonによる研究の「質」を評価する5つの基準群を提示した（2002）。伝統的な科学研究の基準は，量的研究全般，およびポスト実証主義パラダイムに基づく質的研究に当てはまる。客観性を重視し，研究者の見方の偏りを最小限に抑えるために複数の評定者を用い

表 5　質的研究の質と信憑性を判断するための基準の分類

伝統的な科学研究の基準
・研究者の客観性（見方の偏りを最小限に抑える） ・データの妥当性と信頼性（データ収集の系統性と正確さ） ・トライアンギュレーション（異なる方法とデータ源から得られたデータの一貫性） ・一般化可能性（外的妥当性） ・因果関係に関する仮説を支持するエビデンスの強固さ ・理論への貢献
構築主義の基準
・主観性を認め，研究者の内省を重視（偏りを考慮に入れて検討する） ・信憑性と真実性 ・トライアンギュレーション（複数の異なる視点を捉え，それぞれの見方を尊重する） ・実践性 ・特定性（異質なケースの特徴を十分に扱う） ・対話・話し合いに貢献する
芸術的・喚起的基準
・一つの世界の扉を読者に対して開く ・創造性と美的資質 ・協力者の生きられた体験に根づかせ，筆者の自己から流れる生き生きした解釈 ・読者を刺激し，感情を喚起し，読者とつながり，心を動かす ・その研究独自の「声」を出す，表現的 ・「本当」「真実」「現実」だと感じられる真実性
重要な変化の基準
・批判的視点――社会的公正に関する意識を高める ・関係する人たちが行動を起こす力を高める（エンパワーメント） ・社会における不平等の特質とその源を同定し，社会的弱者の視点を表す ・権力者たちがどうやって権力を行使し，権力から利権を得ているのか可視化する ・研究と研究者の歴史的文脈と背景にある価値観を明確に示す ・研究の結果が事後的にもつ影響（事後妥当性）を明確に示す
プラグマティック（実用的・実際的），功利主義的評価基準
・得られた知見の（社会・臨床・教育的）有用性と実行可能性 ・（目的や環境に対する）適切さ ・系統的探究 ・誠実さ・公正さ ・社会とその人々の尊重 ・公衆の福祉の責任（多様な利権と価値観を考慮する）

注）Patton（2002, p. 544-545）をもとに筆者が一部説明を加えた。

ること，結果がどれくらい「広く」応用できるかということが研究の価値を判断する大きな指標となっている。

一方，社会構成主義や構築主義のパラダイムに基づく研究は，社会的現実とは，人間が作り出す現実であり，人がそれをどうやって作り出すのか，社会や政治的力がそれにどのように影響するのかということに注目するため，個々の協力者の主観を捉え，その特殊性を十分に理解すること，そして研究者自身の主観性が理解にどのように影響を与えているのか検討することを重視する。

近年では，質的研究に科学的研究と芸術の両方の性質があると指摘されている。芸術的・喚起的基準では，協力者の世界に共感的に入り込み，想像力を働かせてデータから発見し，協力者の生きられた体験の感触をできるだけ鮮明に「生きた」言葉を使って表現し，読者の感情へと訴えかけることが重視される。

フェミニストパラダイムと強く関係しているのは，重要な変化の基準である。研究が社会的な不公正を扱い，それらを是正するために貢献することの重要性を強調する。研究と社会とのつながりを積極的に認める立場である。研究から得られた知見が期待された社会的変化に役立つのか，またはそこからなんらかの弊害が起こりうるのか，という研究の社会的な役割に関する事後妥当性を強調する。

最後に，プラグマティックな評価基準は，研究知見が実用的なかたちで示され，それを実践することが倫理的に許容される範囲にあり，実際の臨床現場のニーズに合わせて柔軟にその知見を使うことができるという臨床的有用性（clinical utility）と関連する。質的研究の質の基準は，質的研究の発展とともに変わり続けている。質的研究では，研究者が対象とする現象をもっとも適切なやり方で捉える方法を発展させる創造性が重視されているため，研究の質の判断は，リサーチクエスチョンが何を達成しようと意図しているのかという点から常に検討される必要がある。

11. 認知療法研究における質的研究の役割

認知療法において質的研究はどのような役割があるだろうか。上記の質的研究の特徴を活かしてエビデンス・アプローチとして確立されつつある認知行動

アプローチの心理療法の効果をさらに高めるために何ができるだろうか。以下に3つの異なる質的研究とそれぞれの具体例を解説する。

12. 主観的体験とグラウンデッドセオリー法

　質的研究が役立つのは，クライエントとセラピストの主観的体験に関する研究である。クライエントが認知療法をどのように体験するのか，そして何が役に立ち，何が変わったと感じているのか，クライエントの視点から治療的効果を捉え直すことによって，そして他のアプローチと比較することによって認知行動療法の変容のメカニズムの理解が深まるだろう（Bevan et al., 2010; Bennet-Levy, 2003; Borrill & Foreman, 1996; Nisson et al., 2007）。先行研究では，理論的に仮定された変容を生み出す介入や作業と治療的効果の間に明確な関連が見いだせなかった。質的研究では，協力者が感じていることを自由に話してもらい，研究者の見方や枠組みを押しつけることなく，クライエントの視点を理解することができる。クライエントが様々な作業をどのように体験しているのか明らかにすることによって，効果と関わる治療的要因だけでなく，失敗と関わる原因を理解できるだろう（岩壁, 2007; Williams, 2008）。様々なかたちで起こる失敗を，クライエントの視点から理解すること，そしてそれがどのようにセラピストの視点とずれているのか調べることは重要である。

　セラピストの体験に焦点を当てる研究は，認知療法の訓練と実践のあり方を理解するのに役立つ（Bennet-Levy et al., 2003, 2007; Easter & Tchanturia, 2011; Niemmi & Tiuraniemi, 2010）。たとえば，経験豊富な認知療法家が面接中にどのようなことに注目し，どのようなやり方でクライエントを理解するのかということについて，彼らの内的なプロセスにインタビューから迫ることで，理論には明確に表されることがないような経験則や理論的思考と体験の統合のあり方などに近づける。また，逆に初心者が認知療法を学ぶプロセスにおいてどのような困難を感じるのか，彼らが面接中に体験する問題や行き詰まりなどに焦点を当てたインタビューも訓練の質をさらに高めるために役立つ。最後に，異なる心理療法アプローチと認知行動アプローチの接点を探ることもセラピストに対する質的インタビューによって可能になる。現在，他の理論アプ

ローチの臨床家が認知療法の技法を取り入れて使っている。この場合，彼らが認知療法の技法や概念をどのようなときに活用しているのか，またどのようにして自分のアプローチへと同化させているのか，ということなどを理解することによって，認知療法の意義についてより統合的な視点から捉えることができる（東，2011；Owen-Pugh, 2010）。

クライエントの視点に焦点を当てた研究例として，認知行動療法において心理療法に対する期待が裏切られるときの体験について明らかにした Westra らの研究がある（2010）。全般性不安障害の診断を受け，効果研究として実施された全 8 回（14 時間）の認知行動療法を受けたクライエント 38 人の中から臨床的に有意な成果を挙げた 9 名と，そうではない非改善群（全 9 名）の比較を行った。

最終面接の終了後すぐに約 45 分の半構造化インタビューをクライエントに実施した。クライエントが自身の体験について自由に話せるようにインタビューの内容について担当セラピストには開示しないことを伝えた。インタビューは，①変化の体験（心理療法をはじめる前に，どんな変化を期待したか，心理療法を振り返ってみてどんな変化があったか，周囲の人たちは心理療法の結果としてどのような変化を感じているか）②心理療法のプロセス（心理療法を受けてどう感じたか）③クライエント役割（心理療法での自分の役割をどう感じたか），④役立った側面とそうでなかった側面，という 4 つの領域について尋ねた。

インタビューは録音され，データ分析には，グラウンデッドセオリー法と合議型質的研究法を統合した手法を用いた。まず，データは，一つのテーマを表す，1 文節から数行の意味単位に区切られ，上記の 4 つの質問領域に分類された。次に，分析者 2 名が別々にコード化・カテゴリー化の作業を行ったあと，もう一人が加わり，話し合いによって分析結果の相違を調整する合議ミーティングを繰り返した。15 人目のデータを分析中に新たなコードを加えなくともすでに生成されたカテゴリーによって新たなデータを説明できる理論的飽和状態に達したため，分析結果に十分な包括性と安定性があると示された。

2 つの中核カテゴリーが生成され，データの 84％は，中核カテゴリー「セラピストに驚かされた」に当てはまり，「ポジティブな驚き」「はじめにあった否

定的な期待の反証」が改善群に広く見られた（**表6**）。「セラピストはただ大きく構えて何も言わないでいるか，話し続けるのを，私はただ学生が講義を受けるように聞いてるのかと思っていました。実際にはそうではなく，こういう問題を一緒に対処しましょうって感じでした」という発言は「セラピストは協力的だった」というカテゴリーに包括された。「（面接を）自由に方向づけられた」というカテゴリーでは，「尋問」されたり，「急かされたり」「押されたり」するのではなく，セラピストが，クライエントに進め方を決めさせてくれたことに心地よい驚きを覚えた体験を表した。もう一方で，「私は，43年かけてこうなったのに，それを8週間で変えるのは難しかった。セラピストはその方法を教えてくれたけど」というように，非改善群では肯定的な期待の裏切りが目立った。

　最後に「心理療法は自分の期待しているとおりだった」というもう一つの中核カテゴリーに関して，改善群のクライエントは，肯定的な期待が正しかったと答え，非改善群のクライエントは，表面的で細かな点に注意が行き届かなかったなど否定的な期待が当たっていたと報告した。期待をもたなかったというクライエントも両群に見られた。

　協力者の多くは，もともと認知行動療法に対して否定的なイメージを抱いており，セラピストが指示的，権威的であることを恐れていた。そのため，これらの否定的な期待が正しくないと分かることで治療的改善が可能となり，肯定的な期待を維持し，高めていくことによって治療的失敗を回避できるのではないかと筆者らは考察している。本研究の問題点として，終結後にインタビューを行い，期待についてさかのぼって尋ねていることで，改善群と非改善群の傾向が過度に強調されているかもしれないこと，サンプルは小さく，今後追試が必要であることが挙げられた。

　グラウンデッドセオリー法は，最も広く使われている質的方法であり，主観的体験を探るために役立つ。本研究のように複数の分析者が加わることによって一人の分析者が関わることの見方の偏りを調整し，話し合いを通じて理解を深めることができる。

表6　Westraらの質的分析によって得られたカテゴリー一覧

			該当クライエント数	
	意味単位数	改善者割合	改善群	非改善群
中核カテゴリー1　セラピストに驚かされた				
私は，うれしい驚きを感じた				
【セラピストに驚かされた】				
セラピストは協力的だった・2人は協働作業をした	39	90	8	2
私は自由に方向を決めた・私中心だった	26	96	8	1
セラピストと一緒にいて安心できた	14	93	4	1
セラピストは，非審判的だった	11	64	2	3
【体験に驚かされた】				
流れを信頼できた				
はじめの懐疑を克服した	21	90	6	1
心理療法は驚きに満ちていた	39	77	7	5
苦しいことに焦点を当てるのは実際に役立った	19	79	6	3
これほど変化する・学ぶとは思っていなかった	33	85	6	2
予想外に安心できた	13	77	3	3
作業をやり遂げた	13	62	3	2
心理療法は，先入観とは異なっていた	26	58	5	3
私はがっかりした				
しかし，だれのせいでもない	22	23	0	3
しかし，自分のせいだ	13	0	3	6
しかし，セラピストのせいではない	8	0	0	4
しかし，心理療法は時間の無駄ではまったくない	16	13	2	5
そして，セラピストのせいだ	6	33	1	3
中核カテゴリー2　心理療法は自分が期待していたものだ				
流れを信頼できた	22	86	5	1
心理療法は自分が思っていたとおりだった	24	29	3	7
期待はなかった	13	62	5	2

注）Westra et al.（2010, p. 440）を筆者が訳出した。改善者群と非改善者群は，それぞれ $n = 9$ である。意味単位数とは，インタビューデータを区切り，コードがつけられたデータ切片の数である。

13. 面接プロセスのモデル化と課題分析

　ESTs の土台である効果研究では，介入マニュアルに規定された介入がそのまま実施されることが厳密な効果測定の一部とされており，面接におけるクライエントとセラピストのやりとりに関する分析は少なく，その変容プロセスには，明らかになっていない点も多い。特定の面接場面において，セラピストが一連の反応を組み合わせてある介入目的をどのようにして達成しようとするのか，またクライエントがどんなステップを得て面接中になんらかの変容をみせるのかといった問題は，面接の流れを具体的に示すことを重視する認知療法の研究として意義がある。

　面接におけるやりとりを分析し，そこから変容のプロセスモデルを作る研究法に課題分析がある（Greenberg, 2007）。課題分析は，面接においてクライエントが特定の問題解決にたどり着くまでに通過しなければならないステップを同定し，効果的な作業プロセスをモデル化することを目的とする。課題分析の初期段階では，研究者の理解を初期モデルとして表す。次に，それを実際の面接データ（録画・録音・逐語）と照らし合わせることによって修正していく。研究者は，臨床家としての判断と理解を，面接データの分析に活かすことができるが，その目的はクライエントとセラピストの観察可能な行動の指標を同定することであり，最終的にはそれらが研究者の手を離れて他の臨床家でも正確に同定できるのか量的に検討する（詳しくは，岩壁，2008; Pascual-Leone et al., 2009 を参照）。

　Aspland らは，認知行動療法における作業同盟の亀裂とその解決のプロセスを課題分析を用いて明らかにした（2008）。認知行動療法では，積極的な技法を使うためか，作業同盟の問題が起こりやすい。その多くは，セラピストがクライエントの関心事に注意を向けずに，技法を適用することに固執することと関係しており，セラピストに積極的に作業同盟の亀裂を扱うように訓練する場合，ドロップアウトが減り，治療成果が高まると知られている（Castonguay et al., 1996, 2004）。Aspland らは，作業同盟の亀裂がどのように起こり，修復されるのか，課題分析を用いて，そのステップを明らかにすることを研究目的とした。

まず作業同盟の亀裂－修復の流れの初期モデルを作成した。はじめに，認知行動療法のエキスパート4人にインタビューを実施し，彼らの作業同盟の亀裂に関する理論的見解を具体例を挙げながら説明してもらった。次に，認知療法の主要な文献にみられる治療関係の問題に関する記述を総合し初期モデルを完成した。最後に，4人のエキスパートに確認してもらった。

次に，実証分析の段階として，うつの大規模な効果研究のデータベースから治療的改善を挙げたクライエントのうち，作業同盟の亀裂が起こり，修復されたことが作業同盟尺度の得点の変化から同定された2名を選び出した。そして，亀裂が起こった面接と修復が起こった次の面接の録音テープと逐語を使って，セラピストの行動とクライエントの反応を分析し，その結果をもとに初期モデルを修正した。

分析の対象とした4回の面接には，作業同盟の亀裂が起こった20の場面と14の修復の試みが見られた。研究者が作成した初期モデルでは，セラピストが作業同盟の亀裂に気づくと，そのことを話題として積極的に取り上げ，クライエントのフィードバックを求め，セラピストが自分自身の関与を認め，クライエントの主観的体験を肯定することが中心的なプロセスであるとされた。しかし，実際の面接データと照らし合わせると，初期モデルに仮定されたような亀裂に関する表だった話し合いは見られなかった。セラピストは同じ作業をそのまま続けることをクライエントに求めた。すると，クライエントは表面的に合意するか，受け身になった。たとえば，クライエントの一人は仕事場では問題がないと伝えたにもかかわらず，セラピストは，仕事場で緊張した場面を思い出すように指示した。クライエントが問題がないと答えると，セラピストはその作業を行う理由を説明し，同じ作業をはじめから繰り返そうと試みた。するとクライエントは，セラピストの問いかけについて考えようともせず，ただ「思いつかない」と気のない返事しかしなかった。修復が起こる場合，セラピストはクライエントの発言を要約して，理解を確認した。するとクライエントは，より積極的に関わるようになり，ためらいや他の作業をやりたいという意志をよりオープンに伝えていた。

本研究では，過去にCastonguayら（2004）が見いだしたように，認知行動療法における作業同盟の亀裂の問題は，クライエントの作業への関わりが薄れ

ていくのが主なかたちであること，またセラピストは同じ課題を進めようと固執する傾向にあることも追認された。本研究の限界として，2ケースのみを対象としていること，亀裂が何かということを同定するための明確な基準を設定していなかったこと，セラピストとクライエントの関係性を示す非言語的情報に富んだ録画データがなかったこと，などが挙げられた。また，2ケースとも成功ケースであったことから，ドロップアウト，また治療的失敗へと至るケースにおいて亀裂がどのようなかたちで表れるのか本研究の結果からでは断定できないことも論じられた。

　課題分析は，面接の逐語をもとにしており，セラピストの介入ステップやクライエントの変容のステップを明らかにすることを目的とする。先述のグラウンデッドセオリー法からは抽象的な概念またはカテゴリーを生成するが，課題分析では，観察可能な言動を同定することに重きがおかれる。また，主観的な世界を理解するのではなく，面接に起こっている重要なステップを見分けるために臨床的な知識と重要な変化を見分ける臨床経験も必要である。また，課題分析は，このような手法によって同定したモデルを尺度を用いて検証することも研究プログラムの一部としている（Greenberg, 2007）。

14. 研究と実践を結ぶ系統的事例研究

　効果研究は，介入を受けた群のクライエントが平均的に対照群のクライエントよりも有意に大きな治療的改善を見せたということを示すが，個々のクライエントにどのような変化が起こったのかということは見えない。効果研究の知見が臨床実践に役立つようになるには，ESTsのように効果が実証された介入法が，一人のクライエントとの心理療法でどのように実施され，どのような変化がどのような順序で起こったのか，一事例の文脈において示されることが必要である。また，ある介入が平均的なクライエントに対して効果を挙げたというだけでなく，どのようなクライエントと高い効果を挙げているのか，またその逆にどのようなクライエントで治療的改善が見られないのか，クライエントとセラピストの特徴との関連から検討することが役立つ。

　心理療法では，事例が臨床家の思考と実践の仕方に最も合った基本的な単位

である（Fishman, 1999, 2005）。歴史的にみて，心理療法の理論的発展，訓練，実践において事例研究は，極めて重要な役割を果たしてきた（Bromley, 1986）。たとえば，精神分析におけるアンナ・Oや小さなハンスの事例が広く時代を超えて読まれている。Carl R. Rogers, Frederick S. Perls, Albert Ellis という3人の理論アプローチの創設者が一人のクライエントと行った面接「グロリアと3人のセラピスト」は，最も広く視聴され，優れた教育題材の一つである。しかし，これまで事例をもとにした研究の方法論的問題も指摘されてきた。精神分析において重視されてきた臨床事例研究は，セラピストの記憶をもとに再構成された面接プロセスの分析であり，その客観性の乏しさが批判されてきた（Spence, 2001）。もう一方で，基準となる症状の変化の軌跡を細かに追う一事例実験研究は，観察可能な量的指標のみに焦点を当てるために，クライエントに起こる内的プロセスやクライエントとセラピストの相互作用の実践的な示唆が十分に得られず，行動療法以外のアプローチでの有用性は低かった（Safran et al., 1988）。

近年では，症状の変化などの量的な指標と面接プロセスに関する質的分析を組み合わせた新たな系統的事例研究法が開発されている。たとえば，Fishmanによる実践的事例研究法は，面接の録音・録画データを基礎として，セラピスト，クライエントから尺度やインタビューを通して情報を集め，質的分析を組み合わせる包括的で系統的な事例研究法である（Fishman, 2005）。Stiles は，一事例における面接プロセスにおいて特定の理論概念を細かに検討する理論構築のための事例研究法を開発している（2007）。Elliott は，治療的改善の要因に関する対抗仮説を作り，最も有力な解釈に対する反証の可能性を徹底的に洗い出す了解学的一事例効果研究法を開発している（2002）。また，Iwakabe らは，複数の事例研究のデータを総合し，臨床実践に密接に結びついたエビデンスのあり方を提案している（Iwakabe & Gazzola, 2009）。その一つは，事例のメタ分析であり，複数の事例研究に報告された面接プロセスの記述を質的に分析し，ある特徴をもつクライエント群に対して共通する効果的なやりとりを同定することを目指す。

このような系統的事例研究の一例として，弁証法的行動療法の成功例と失敗例を比較した Burckell らの事例比較研究法を使った研究がある（Burckell &

McMain, 2011)。事例比較研究法は，同様のまたは類似した状況で実施されたが大きく異なる成果を生んだ2つの事例を綿密に比較し，成功と失敗に関わる治療的な要因を同定するのに適している（Iwakabe, 2011; Iwakabe & Gazzola, 2009; Strupp, 1980a, 1980b）。Burckellらが分析した2ケースは，ともに初期面接において作業同盟がうまく確立されなかったが，1ケースでは数回の面接のあと作業同盟が確立され治療的改善が得られ，もう1ケースでは作業同盟がそのまま低く，治療的改善が見られなかった。約4カ月ごとに，自傷行動，入院回数，うつ，不安，精神的苦痛，対人問題，その他の境界性パーソナリティ障害の症状に関して情報を集め，変化の客観的指標とし，毎回の面接終了後に作業同盟の尺度にクライエントとセラピストの両者が回答した。初期面接プロセスに関して面接の録音とセラピストによる面接記録を分析したところ，失敗ケースでは，クライエントの怒りの反応に対してセラピストが困窮し，弁証法的行動療法において中心的な治療的介入である認証が十分にクライエントに伝わっていなかったことが分かった。また，セラピストに対する治療スタッフチームのサポートが乏しかったことや，クライエントの動機づけが低かったことも見いだされた。

　Burckellらの事例比較法を用いた研究から，弁証法的行動療法が個々のクライエントに対してどのように実践されるのかということに加えて，どのような要因が成功と失敗に関係しているのかということに関する示唆も得られた。境界性パーソナリティ障害に特化し，これまでの心理療法アプローチの失敗を改善することを意図して開発された弁証法的行動療法がうまくいかない状況について知ることは，それが理想的に進むケースについて知るのと同程度に示唆に富んでいる。クライエントの特徴が詳しく記述され，改善の度合いが客観的指標に示され，面接プロセスがセラピストの手を離れ，様々なデータをもとに質的に分析されることで臨床的にも科学的にもその研究知見の意義が高まる。

15. おわりに

　今から30年前ほどに発表されたSmithらのメタ分析は，心理療法の学派やモデルによる違いは，効果を示す変数の約10％ほどであると示した（Smith et al., 1980)。その後，数多くの厳密な統制と実験計画に基づく数多くの効果研究とそのメタ分析が繰り返されてきたがその結果は大きく変わることはなく，効果に占める割合が大きいのは，共通因子であると示されてきた（Asay & Lambert, 1999; Messer & Wampold, 2002)。もう一方で，臨床理論の発展は，新たな理論モデルの開発というかたちで現れるのがほとんどである。ESTs も効果研究の知見よりもモデルを重視してきた。

　心理療法の効果を客観的なかたちで社会に示し，学問的基盤を確固たる実証データに根づかせることは極めて重要である。もう一方で，新たな発見，臨床的革新は必ずしもエビデンスを確立するための研究から起こるわけではない。日々の実践活動の積み重ねや，異なる角度から現象を眺め記述するまなざしから起こる。1970 年代終わりに各アプローチの研究者がそれぞれの理論の妥当性とその効果の優位性を示すことに余念がないころ，理論アプローチと関わる概念にこだわらず，実際に面接で起こる「変容」場面を理論概念から離れてしっかりとみつめ，記述する発見志向的研究に注目が集まった（Mahrer, 1988)。質的研究も心理療法の新たな概念を産出し，これまで光を当てにくかった現象を捉えるのに極めて有効な研究法であり，系統的な方法により確かなエビデンスを示すのに加えて，現象を細やかに記述し，発見を促す。この意味において，質的研究は，認知療法の研究においても重要な貢献が期待できる。

文　献

1) Ablon, J. S. & Jones, E. E.（1999）：Psychotherapy process in the National Institute of Mental Health Treatment of Depression Collaborative Research Program. *Journal of Consulting and Clinical Psychology* 67, 64-75
2) APA Presidential Task Force on Evidence-Based Practice（2006）：Evidence-based practice in psychology. *American Psychologist* 61, 271-285
3) Asay, T. E. & Lambert, M. J.（1999）：The empirical case for common factors in psychotherapy quantitative findings. In: M. A. Hubble, B. L. Duncan & S. Miller (eds.) *The Heart and Soul of Change: The Role of Common Factors in Psychotherapy, Medicine, and Human Services* (pp. 23-55). American Psychological As-

sociation Press, Washington, D.C.
4) Aspland, H., Llewely, S., Hardy, G. E., Barkham, M. & Stiles, W. (2008): Alliance ruptures and rupture resolution in cognitive-behavior therapy: A preliminary task analysis. *Psychotherapy Research* 18, 699-710
5) 東斉彰 (2011):統合的観点から見た　認知療法の実践——理論，技法，治療関係．岩崎学術出版社，東京
6) Barlow, D. H., Nock, M. K. & Hersen, M. (eds.) (2008): *Single Case Experimental Designs: Strategies for Studying Behavior Change* (3rd ed.). Allyn & Bacon, Boston
7) Bennet-Levy, J. (2003): Mechanisms of change in cognitive therapy: The case of automatic thought records and behavioural experiments. *Behavioural and Cognitive Psychotherapy* 31, 261-277
8) Bennet-Levy, J. & Beedie, A. (2007): The ups and downs of cognitive therapy training: What happens to trainees' perception of their competence during a cognitive therapy training course? *Behavioural and Cognitive Psychotherapy* 35, 61-75
9) Bennet-Levy, J., Lee, N., Travers, K., Pohlman, S. & Hamernik, E. (2003): Cognitive therapy from the inside: Enhancing therapist skills through practising what we preach. *Behavioural and Cognitive Psychotherapy* 31, 143-158
10) Bevan, A., Oldfield, V. B. & Salkovskis, P. M. (2010): A qualitative study of the acceptability of an intensive format for the delivery of cognitive-behavioural therapy for obsessive-compulsive disorder. *British Journal of Clinical Psychology* 49, 173-191
11) Bohart, A., O'Hara, M. & Leitner, L. M. (1998): Empirically violated treatments: Disenfranchisement of humanistic and other psychotherapies. *Psychotherapy Research* 8, 141-157
12) Borrill, J. & Foreman, E. I. (1996): Understanding cognitive change: A qualitative study of the impact of cognitive-behavioural therapy on fear of flying. *Clinical Psychology and Psychotherapy* 3, 62-74
13) Bromley, D. B. (1986): *The Case Study Method in Psychology and Related Disciplines.* Wiley, Chichester
14) Burckell, L. A. & McMain, S. (2011): Contrasting clients in dialectical behavior therapy for borderline personality disorder: "Marie" and "Dean," two cases with different alliance trajectories and outcomes. *Pragmatic Case Studies in Psychotherapy* 7, 246-267

15) Castonguay, L. G., Goldfried, M. R., Wiser, S., Raue, P. & Hayes, A. M. (1996): Predicting the effect of cognitive therapy for depression: A study of unique and common factors. *Journal of Consulting and Clinical Psychology* 64, 497-504
16) Castonguay, L. G., Schut, A. J., Aikens, D. E., Constantino, M. J., Laurenceau, J., Bologh, L. & Burns, D. D. (2004): Integrative cognitive therapy for depression: A preliminary investigation. *Journal of Psychotherapy Integration* 14, 4-20
17) Creswell, J. (2007): *Qualitative Inquiry and Research Design: Choosing among Five Traditions* (2nd ed.). Sage, Thousand Oaks
18) Creswell et al. (2007): Qualitative research designs: Selection and implementation. *The Counseling Psychologist* 35, 236-264
19) Denzin, N. K. & Lincoln, Y. S. (eds.) (2000): *Handbook of Qualitative Research* (2nd ed.). Sage, Thousand Oaks
20) Easter, A. & Tchanturia, K. (2011): Therapists' experiences of cognitive remediation therapy for anorexia nervosa: Implications for working with adolescents. *Clinical Child Psychology & Psychiatry* 16, 233-246
21) Elkin, I. (1994): The NIMH Treatment of Depression Collaborative Research Program: Where we began and where we are. In: Bergin, A. E. & Garfield, S. L. (eds.) *Handbook of Psychotherapy and Behavior Change* (4th ed.) (pp. 114-139). John Wiley & Sons, Oxford
22) Elliott, R. (2002): Hermeneutic single-case efficacy design. *Psychotherapy Research* 12, 1-21
23) Elliott, R., Shapiro, D. A., Firth-Cozens, J., Stiles, W. B., Hardy, G. E., Llewelyn, S. P. & Margison, F. R. (1994): Comprehensive process analysis of insight events in cognitive-behavioral and psychodynamic-interpersonal psychotherapies. *Journal of Counseling Psychology* 41, 449-463
24) Fassinger, R. E. (2005): Paradigms, praxis, problems, and promise: Grounded theory in counseling psychology research. *Journal of Counseling Psychology* 52, 156-166
25) Fishman, D. B. (1999): *The Case for Pragmatic Psychology*. NYU Press, New York
26) Fishman, D. B. (2005): Editor's introduction to PCSP from single case to database: A new method for enhancing psychotherapy practice. *Pragmatic Case Studies in Psychotherapy* 1, 1-50
27) Glaser, B. & Srauss, A. (1967): *The Discovery of Grounded Theory*. Aldine Pub-

lishing, Chicago
28) Greenberg, L. S. (2007): A guide to conducting a task analysis of psychotherapeutic change. *Psychotherapy* 17, 15-30
29) Guba, E. G. & Lincoln, Y. S. (1994): Competing paradigms in qualitative research. In: N. K. Denzin & Y. S. Lincoln (eds.) *The Handbook of Qualitative Research* (pp. 105-117). Sage, Thousand Oaks
30) Hill, C. E. (ed.)(2011): *Consensual Qualitative Research: A Practical Resource for Investigating Social Science Phenomena*. American Psychological Association, Washington, D.C.
31) Hill, C. E., Thompson, B. J. & Williams, E. N. (1997): A guide to conducting consensual qualitative research. *The Counseling Psychologist* 25, 517-572
32) Hoshmand, L. T. (1994): *Orientation to Inquiry in a Reflective Professional Psychology*. Albany, State University of New York Press, New York
33) Ilardi, S. S. & Craighead, W. E. (1994): The role of nonspecific factors in cognitive-behavior therapy for depression. *Clinical Psychology: Science and Practice* 1, 138-156
34) 岩壁茂 (2007):心理療法・失敗例の臨床研究——その予防と治療関係の立て直し方. 金剛出版, 東京
35) 岩壁茂 (2008):プロセス研究の方法. 新曜社, 東京
36) 岩壁茂 (2010):はじめて学ぶ 臨床心理学の質的研究——方法とプロセス. 岩崎学術出版社, 東京
37) Iwakabe, S. (2011): Commentary: Extending systematic case study method: Generating and testing hypotheses about therapeutic factors through comparisons of successful and unsuccessful cases. *Pragmatic Case Studies in Psychotherapy* 7, 339-350
38) Iwakabe, S. & Gazzola, N. (2009): From single case studies to practice-based knowledge: Aggregating and synthesizing case studies. *Psychotherapy Research* 19, 601-611
39) Kuhn, T. S. (1962): *The Structure of Scientific Revolutions*. University of Chicago Press, Chicago
40) Mahrer, A. R. (1988): Discovery-oriented psychotherapy research: Rationale, aims, and methods. *American Psychologist* 43, 694-702
41) McLeod, J. (1999): *Qualitative Research in Counseling and Psychotherapy*. Sage, London

42) McLeod, J. (2010) : *Case Study Research in Counselling and Psychotherapy*. Sage, London
43) Messer, S. B. (2004) : Evidence-based practice: Beyond empirically supported treatments. *Professional Psychology: Research and Practice* 35, 580-588
44) Messer, S. B. & Wampold, B. E. (2002) : Let's face facts: Common factors are more potent than specific therapy ingredients. *Clinical Psychology: Science and Practice* 9, 21-25
45) Miller, R. B. (2004) : *Facing Human Suffering: Psychology and Psychotherapy as Moral Engagement*. American Psychological Association, Washington, D.C.
46) Morrow, S. L. (2007) : Qualitative research in counseling psychology: Conceptual foundations. *The Counseling Psychologist* 35, 209-235
47) Niemmi, P. M. & Tiuraniemi, J. (2010) : Cognitive therapy trainees' self-reflections on their professional learning. *Behavioural and Cognitive Psychotherapy* 38, 255-274
48) Nisson, T., Svensson, M., Sandell, R. & Clinton, D. (2007) : Patients' experiences of change in cognitive-behavioral therapy and psychodynamic therapy: A qualitative comparative study. *Psychotherapy Research* 17, 553-566
49) Norcross, J. C. (ed.) (2001) : Empirically supported therapy relationships: Summary report of the Division 29 Task Force. *Psychotherapy* 38(4), entire issue
50) Norcross, J. C. (ed.) (2002) : *Psychotherapy Relationships that work*. Oxford University Press, New York
51) Norcross, J. C., Koocher, G. P. & Garofalo, A. (2006) : Discredited psychological treatments and tests: A Delphi poll. *Professional Psychology: Research and Practice* 37, 515-522
52) Norcross, J. C. & Wampold, B. E. (2011) : Evidence-based therapy relationships: Research conclusions and clinical practices. *Psychotherapy* 48, 98-102
53) Owen-Pugh, V. (2010) : The dilemmas of identity faced by psychodynamic counsellors training in cognitive behavioural therapy. *Counselling and Psychotherapy Research* 10, 153-162
54) Pascual-Leone, A., Greenberg, L. S. & Pascual-Leone, J. (2009) : Developments in task analysis: New methods to study change. *Psychotherapy Research* 19, 527-542
55) Patton, M. Q. (2002) : *Qualitative Research and Evaluation Methods* (3rd ed.). Sage, Thousand Oaks
56) Polkinghorne, D. E. (2005) : Language and meaning: Data collection in qualitative research. *Journal of Counseling Psychology* 52, 137-145

57) Ponterotto, J. G. (2005) : Qualitative research in counseling psychology: A primer on research paradigms and philosophy of science. *Journal of Counseling Psychology* 52, 126-136
58) Rennie, D. L. (1994) : Storytelling in psychotherapy: The client's subjective experience. *Psychotherapy: Theory, Research, Practice, Training* 31, 234-243
59) Safran, J. D., Greenberg, L. S. & Rice, L. N. (1988) : Integrating psychotherapy research and practice: Modeling the change process. *Psychotherapy* 25, 1-17
60) Smith, M. L., Glass, G. V. & Miller, T. I. (1980) : *The Benefits of Psychotherapy*. The Johns Hopkins University Press, Baltimore
61) Spence, D. P. (2001) : Dangers of anecdotal reports. *Journal of Clinical Psychology* 57, 37-41
62) Stiles, W. B. (2007) : Theory-building case studies of counselling and psychotherapy. *Counselling and Psychotherapy Research* 7, 122-127
63) Strupp, H. H. (1980a) : Success and failure in time-limited psychotherapy: A systematic comparison of two cases: Comparison 1. *Archives of General Psychiatry* 37, 595-603
64) Strupp, H. H. (1980b) : Success and failure in time-limited psychotherapy: A systematic comparison of two cases: Comparison 2. *Archives of General Psychiatry* 37, 708-716
65) Suzuki, L. A., Ahluwalia, M. K., Mattis, J. S. & Quizon, C. A. (2005) : Ethnography in counseling psychology research: Possibilities for application. *Journal of Counseling Psychology* 52, 206-214
66) Task Force on Promotion and Dissemination of Psychological Procedures (1995) : Training in and dissemination of empirically-validated psychological treatment: Report and recommendations. *The Clinical Psychologist* 48, 2-23
67) Wampold, B. E. (2001) : *The Great Psychotherapy Debate: Models, Methods, and Findings*. Lawrence Erlbaum Associates, Mahwah
68) Wertz, F. J. (2005) : Phenomenological research methods for counseling psychology. *Journal of Counseling Psychology* 52, 167-177
69) Westin, D. & Bradley, R. (2005) : Empirically supported complexity: Rethinking evidence-based practice. *Current Directions in Psychological Science* 14, 266-271
70) Westra, H. A., Aviram, A., Barnes, M. & Angus, L. (2010) : Therapy was not what I expected: A preliminary qualitative analysis of concordance between client expectations and experience of cognitive-behavioural therapy. *Psychotherapy Re-

search 20, 436-446
71) Williams, C. H. J.（2008）: Cognitive behavioural therapy within assertive outreach teams: Barriers to implementation: A qualitative peer audit. *Journal of Psychiatric & Medical Health Nursing* 15, 850-856

第Ⅲ部

臨　床

はじめに

　第Ⅱ部の理論・研究編を受けて，第Ⅲ部では認知療法の臨床的発展が論じられる。認知療法はその基礎概念，基礎理論として認知モデルという確立された基盤をもつ。理論的背景がしっかりしている一方で，認知療法はその臨床応用の幅が非常に広いことが特徴である。うつ病を中心とした気分障害，不安障害，比較的病態の重いパーソナリティー障害や統合失調症といった精神疾患をはじめとして，肥満や禁煙，糖尿病といった生活習慣病や健康心理学の領域，そして近年のトピックであるアスペルガー障害やAD/HDなどの発達障害まで，あらゆる健康，行動問題に対応する。

　第5章では伊藤が，認知療法，認知行動療法の臨床的発展を明確に論じている。行動療法と認知療法のそれぞれの誕生，展開から，現在の認知行動療法という大きな流れへの発展について述べ，第三世代の認知行動療法と言われるマインドフルネス認知療法やACTについても言及し，現在から未来への展望を行っている。また，認知療法を構築したAaron Beckの最大の功績は，協同的実証主義という治療関係のあり方の提示であるとしていることは，次章の治療関係の論議とも相まって，注目に値する見解である。

　第6章では杉山らが，認知療法における治療関係を論じている。認知療法は一般的に治療関係を重視しないと捉えられがちであるが，そもそも心理療法においては治癒メカニズムとして治療関係が大きく貢献していることは周知であるし，認知療法のアプローチに特異的な関係性の要因も存在する。この章では3つの事例を挙げて，治療関係の取りにくいクライエントへの対応の工夫が論じられている。そこでは，スキーマ，傾聴，転移，パーソナリティー理論，修正情動体験といった他学派の概念や方法を駆使して治療関係の構築に努力を惜しまない姿が見て取れる。このような懸命なセラピストの姿勢も治癒要因として働いているといえるだろう。

　第7章では，遊佐らが境界性パーソナリティー障害を中心とした感情調整困

難の認知行動療法の臨床について述べている。認知療法はうつ病の治療から始まり，その後パニック障害や社交不安障害や強迫性障害といった，DSM でいうところの第Ⅰ軸の精神疾患への対応が通常であった。やがて境界性パーソナリティー障害などの第Ⅱ軸の比較的重篤な障害へと応用するにつれ，標準的な認知療法の方法から，新たな観点を加えさらに洗練された方法へと発展した。ここでは，Linehan が開発した弁証法的行動療法を坂野が，本書でも第 3 章を執筆している Young が開発したスキーマ療法を伊藤が，それぞれ境界性パーソナリティー障害のクライエントに適用した事例を提示し考察している。前者が行動療法の発展型，後者が認知療法の発展型と言えるが，行動療法，認知療法ともにそれぞれの標準的な方法をより重篤な病理にも対応できるように応用進化した結果といえようし，それが双方の中間的な位置（まさに認知行動療法？）を占めているのがまことに興味深い。

　第Ⅲ部で示されているように，認知療法は創始されてから比較的短い期間に，方法論的にも深化，発展し，対象とする病態や領域も幅広く展開しており，あらゆる心理的問題に対応できると言っても過言ではない。現状の発展に満足することなく，認知療法は未知の分野に向かってさらに発展していく可能性をもっているし，そのモチベーションを高くもち続けることが必要であろう。

第5章 認知行動療法の臨床的発展

伊藤　絵美

1. はじめに：本章のコンセプト

　筆者が執筆を担当する本章は「認知行動療法の臨床的発展」というタイトルである。本書で他に「認知療法の理論的展開」というタイトルの章があることを考えると（第2章），本章において筆者が与えられたテーマは，認知療法や認知行動療法の理論的な展開とは別に，現場での臨床実践に目線を置き，認知行動療法（以下，CBT）が臨床現場でどのように活用されてきたのか，そして現在どのように活用されているのか，さらに今後どのように活用されることになるのか，といったことについての考察であると解釈した。現在，世界中の様々な分野や領域でCBTが活用されているという現状を思うと，これはかなり壮大なテーマである。

　一方，筆者は小さな民間CBT機関を運営する一介の臨床心理士にすぎない。これだけCBTが世界的に活用されている現状において，「CBTの臨床的発展」というテーマのもと，国際的な視点から全方位的にCBTの臨床実践について原稿を書くのは，筆者の経験と知識と能力をはるかに超えている（現在，これを書きながらも「私にこの原稿を書くのは無理」という自動思考が頻発している）。

　しかしそうはいえども筆者自身，CBTを学び，現場で実践し始めて，かれこれもう20年以上になる。具体的には，大学院や個人的な勉強会，そして大学での研究会でCBTを学び始めたのが1991年，精神科のクリニックで実践を始めたのが1993年である。気がつくとそれなりに長い年月，CBTを実践していることになる。ところで日本で認知療法関係の書籍の歴史を見てみる

と，遊佐安一郎氏が翻訳したArthur Freemanの『認知療法入門』が出版されたのが1989年，大野裕氏が翻訳したAaron T. Beckの『認知療法――精神療法の新しい発展』が出版されたのが1990年，そして坂野雄二氏が監訳したA. Beckの古典的名著『うつ病の認知療法』が出版されたのが1992年である。これら一連の出版が日本でのCBTの発端とみなせば，ちょうど同時期（1990年代初頭）にCBTを学び始め，その後ずっと現場で臨床実践を重ねてきた筆者の体験そのものが，日本におけるCBTの臨床的発展と重なる面もあるのかもしれない。

そこで本章では，日本の臨床現場におけるCBTの実践について，筆者自身の体験を踏まえながら，その流れを過去，現在，未来という時間軸に沿って具体的に考えてみたいと思う。特に現在，誰がどこでどのようにCBTを活用しているのか，CBTをめぐる臨床的課題にはどのようなものがあるのか，そしてそれらの課題に向けて今後どのような取り組みが必要なのか，そのあたりについて検討してみたい。

なお本章で用いる用語について，あらかじめ整理しておきたい。A. Beckは，彼が構築した新たな心理療法のアプローチを，当初「認知療法（Cognitive Therapy）」と命名したが，それには行動療法が多分に包含されており，実際には認知と行動に焦点を当てるものであった。また次節でも少し触れるが，Beckの認知療法をさらに包含するかたちで，主にイギリスにて不安障害の認知行動療法が発展したという歴史があり，行動療法を包含した認知療法が，さらに認知行動療法に包含されたということになる。科学的な心理療法において「後継者」といった概念はそぐわないかもしれないが，A. Beckの娘であるJudith S. Beckは，実質上Beckの認知療法の後継者とみなされており，彼女が著した『認知療法実践ガイド』は認知療法の標準的なテキストとして世界中で活用されることになった。そのJ. Beckが2011年に『認知療法実践ガイド』の大幅な改訂版を出版し，現在筆者らが翻訳作業中であるが，実はその原著のタイトルが"*Cognitive Therapy*"ではなく，"*Cognitive Behavior Therapy*"と変更された。『認知療法実践ガイド』と同様，改訂版にもA. Beckの序文が寄せられており，ここに来て認知療法の創始者であるA. Beck自身が，「認知行動療法」を正式名称として認めたことになるといえるだろう。

したがって本論では，書籍名や論文名を示すときはその正式な名称を示すし，またCBTの歴史を振り返る際には適宜「認知療法」「行動療法」「認知行動療法」「CBT」を使い分ける場合があるかもしれないが，それ以外については混乱を避けるためにも用語としては「認知行動療法」あるいは「CBT」で統一することにしたい。

2. 認知行動療法の歴史的起源

　心理療法には，力動的アプローチ（たとえばFreud）やヒューマニスティックアプローチ（たとえばRogers）など，さまざまなアプローチがあるが，認知行動療法をひとつのアプローチとして考えた場合，それを貫く理念は次の2点である。ひとつは，「人の心のあり様は，環境と個人の相互作用から成る」という人間観である。CBTはこのような人間観に基づくため，人の心理的反応を，ただその人の心の中に深く潜って見ていこうとするのではなく，その人を取り巻く環境とその人の反応の相互作用から理解しようとする。もう1点は方法論に関わることで，「科学者 - 実践家モデル（scientist-practitioner model）」と呼ばれる理念である。CBTに関わるすべての営みは，理論構築においても，技法の考案と実施にあたっても，そして現場での臨床実践においても，この理念に沿って行われる。すなわち，科学者の視点から実証的なデータに基づいて仮説を生成し，それを現場で検証してフィードバックすることによって，妥当性の高いさらなる仮説を生成していく，ということを繰り返す（もちろん臨床実践では，クライアントと共に，実証的データに基づく仮説生成と仮説検証を行う）。

　CBTには様々な起源やアプローチがあり，現在でも，ひとくちにCBTと言っても実際には様々な理論的立場や実践的立場が入り乱れている。これが初学者の混乱を招くのだが，上に挙げた2つの理念は，すべてのCBTのアプローチや立場に共通するものであり，CBTの前身である行動療法や認知療法が構築された当初から強調されてきたもっとも基本的な前提である。これはCBTに限ったことではないと思うが，CBTにおいても「何をもってしてそのセラピーをCBTと言うか」というきわめて実践的な問いがある。セラピストが自分の

行っているセラピーを「CBT である」と考えたり主張したりしているからそれが CBT なのではなく，あるいは単に「認知」や「行動」に介入をしているからそれが CBT なのでもなく，少なくとも上記の 2 つの理念が実現されているかどうかが，もっとも重要な判断基準となる。本節では，これら 2 つの理念に基づき CBT が臨床現場においてどのように発展してきたのか，これまでの経過をざっくりとまとめてみたい。

1. 行動心理学から行動療法へ

1910 年代，米国の心理学者 Watson は，それまで心理学の手法として主流であった内観法の主観性を批判し，心理学が真に科学的であるためには，客観的に観察可能な「行動」を対象とするべきであると主張し，行動心理学を創始した。Watson は Pavlov の条件づけ理論（刺激‐反応理論／S-R 理論）が行動の根底にある基本的なメカニズムであるとみなし，人間のすべての行動を刺激と反応の関係性で観察したり操作したりできると考えた。Watson の研究でも特に有名で，臨床に関連性の高いのが，1920 年代に行われた「アルバート坊や」の恐怖条件づけの実験である。Watson はこの実験を通して，人間の反応は刺激によっていかようにも条件づけることができると主張した。行動心理学はこのように，条件づけに基づく人間の行動や学習のメカニズムを実証的に解明することを目指す心理学である。

Watson の後，行動心理学はいくつかの立場に分かれたが（例：新行動主義，徹底的行動主義など），どの立場にも共通するのは，観察や測定の可能な「行動」を中心に据え，「環境からの刺激」→「反応＝行動」→「結果（環境の変化）」の三項随伴性を，すべての行動を理解したり変容させたりするにあたっての基本的な枠組みとしていることである。

このような行動心理学の理論を臨床的に活用しようとするのが行動療法である。アルバート坊やの恐怖が条件づけによって学習されるのであれば，つまり恐怖症が条件づけによる学習の結果であれば，逆に，別の刺激の提示や他の反応の学習によって恐怖症は治せるということになる。この原理に基づき Wolpe は，不安反応に拮抗反応（リラクセーション）を合わせることで不安が解消する（逆制止）という「系統的脱感作」という技法を開発し，さらに不安障害に

対する系統的脱感作の効果を実証的に示した。この Wolpe の一連の研究がきっかけとなり，1960 年代から 70 年代にかけて膨大な実践と研究が行われ，系統的脱感作は行動療法における一大技法となった。さらに 1980 年代に入って行われた実証研究や臨床研究によって，系統的脱感作の効果はリラクセーション効果によるものではなく，曝露（エクスポージャー）によるものであることが明らかにされ，不安障害に対する行動療法は，曝露を中心にさらに洗練されていった。

　この流れとは別に，徹底的行動主義におけるオペラント条件づけの理論から発展した行動療法が，Skinner による「応用行動分析」である。応用行動分析の中でも臨床的に特に重要な技法は「トークン・エコノミー」である。トークン・エコノミーは当初，精神科病院において長年社会から遮断された生活を送っていた精神病の患者に対し，適応行動の生起頻度を上げ，不適応行動の生起頻度を下げることを通じて社会復帰を手助けすることを目的として活用された。その後，トークン・エコノミーなど随伴性マネジメントに基づく応用行動分析の手法は，主に自閉症の療育や非行少年の矯正など，医療以外の領域で活用されることになった。

2. Aaron T. Beck による認知療法の構築と展開

　1921 年に米国に生まれた A. Beck は 1940 年代に医学の訓練を幅広く受け，その後精神科に進み，当時米国の精神科医療を席巻していた精神分析の研修を長年にわたって受けることになる。Beck は精神分析の理論が科学的根拠に欠けていることに不満を感じ，自らの実証研究によってそれを明らかにしようとしたが（1950 年代後半〜 1960 年代初頭），結果的にそれらの研究が認知療法の構築のきっかけとなった。たとえば Beck は精神分析における重要なテーマである夢を研究対象としたが，うつ病患者の夢を実証的に解析したところ，「うつ病は自分に向けられた攻撃性に起因する」という精神分析の理論は棄却され，患者が自らを「失敗者である」と考えているから自分が失敗をする夢を多く見るのではないかという，つまり「自分は失敗者である」という思考がうつ病の要因として機能しており，思考に介入することでうつ病の症状が緩和されるのではないかとの仮説形成に至った。Beck はまた，精神分析の主要技法である

自由連想法を行う中で,「自動思考(automatic thought)」という,認知療法において決定的に重要な現象を発見し,うつ病患者が抑うつに結びつく自らの自動思考を同定し,検証し,そのような自動思考に対応することで,抑うつ症状が緩和されることを臨床研究で示していった。Beckはこのようにさまざまな実証研究や臨床実践を通じて,うつ病に対する体系的な治療法として認知療法を構築し,徐々に洗練していった。

Beckは1961年に,「ベック抑うつ評価尺度(Beck Depression Inventory: BDI)」という抑うつ症状の重症度を測定する質問紙を発表した。BDIは心理検査として信頼性も妥当性も共に高く,今では,臨床現場でもうつ病の治療効果研究でも,標準的に使われる尺度として世界中で活用されている(※現在では「BDI-II」という改訂版が使われている)。BDIは,セラピストとクライアントが自記式尺度を用いて症状を共に評価したり理解したりするという,現在ではCBTにおいて当然のように行われている営みのさきがけとなった。その後1970年代に入り,Beckはペンシルヴァニア大学の同僚や後輩らと共に,うつ病に対する認知療法について,初の無作為割付比較試験(RCT)を行い,認知療法のエビデンスを示し,さらに『うつ病の認知療法』(Beck, Rush et al., 1979)という治療マニュアルを出版し,認知療法という体系的な心理療法の考え方と方法,そしてその治療効果は,世界中に知られることになった。「科学者-実践家モデル」に基づく心理療法で,ここまで体系的なマニュアルが構築され,公表されたのは初めてのことである。もちろん認知療法といえどもセラピストは一定のトレーニングを受ける必要があるが,マニュアルがあるということは,名目上「そのマニュアルに沿って行えば,誰もが認知療法を実施できるはずである」ということになり,これが臨床現場で認知療法が爆発的に広まった大きな要因であろうと思われる。

ところで行動療法においてもBeckの認知療法においても,当初から強調されているのは,クライアント自身のセルフヘルプの重要性である。「飢えた人に対し,魚を与えるのではなく,魚の釣り方を教えるのがCBTである」という喩えがよく使われるとおり,CBTでは治療やカウンセリングを通じて,クライアントが自らの症状や問題を理解し,それに対処するためのやり方を身につけることを目指す。その意味で画期的だったのが,Beckの弟子の一人であっ

た David D. Burns の "*Feeling Good*"（邦題『いやな気分よさようなら』）の出版である。これは当事者のセルフヘルプのための書物であり，うつ病患者のみならず抑うつ気分に悩む一般の人々を対象に書かれた実用書である。本書では，自らの抑うつ度をチェックしたり，自動思考や思い込みの特徴に気づいたり，抑うつ気分と関連する認知や行動を修正したり，それら認知や行動のレパートリーを増やしたりするための具体的な方法が豊富に示されている。本書は全米でベストセラーになり，多くの国でも翻訳，出版され，一般の人に認知療法を知ってもらう起爆剤となった（まだインターネットが整備されていない時代の話である）。

　上記のとおり行動療法でもセルフヘルプは重視されていたが，それはあくまでも治療を通じてのセルフヘルプの援助という意味合いであった。それに対し，Burns による本書は，当事者が治療に通わずとも，町の書店で購入した本を通じて直接的に認知療法を学び，セルフヘルプに活かせるという点で画期的であった。ちなみに筆者は 1992 年から 1993 年にかけて，健常な看護師を対象に，ストレスマネジメントを目的とした CBT の研修を行い，副読本として Burns の翻訳書を使ったのだが，大好評であった。参加者の 1 人が筆者に語ってくれたことによると，何かストレスを感じると，本書を百科事典的にぱらぱらとめくり，その時々のストレス体験にマッチした対処法を引っ張り出し，実践を続けていくうちに，結果的に本書の様々なアドバイスや手法が身についた実感があったのだという。その後，Burns や他の CBT のセラピストが，当事者向けのセルフヘルプ本やワークブックを出版し，日本でも大野裕氏の『こころが晴れるノート――うつと不安の認知療法自習帳』が 2003 年に出版され，今では多くのラインナップが揃い，さらにコンピュータや web を使ったプログラムも使われるようになり，現在，セラピストによる CBT とは別に，セルフで身につける CBT という流れが確実にあるが，その本家本元がこの D. Burns の『いやな気分よさようなら』である。本書や Burns の名はアカデミックな論文や書籍で取り上げられることは少ないが，「臨床的発展」という意味では，Burns の功績は非常に大きいと思われる。

　さて，CBT の発展における A. Beck の功績は非常に大きく，しかも多岐にわたるため，ここでそのすべてを書くことはできないが，主に臨床実践という

側面から考えると，彼の最も重要な功績は，認知モデルを構築したことでもなく，自動思考という現象を発見したことでもなく，はたまたうつ病の治療マニュアルを作ったことでもなく，「協同的実証主義」という治療関係を理念化し，その具体的なあり方を提示したことであると筆者は考えている。セラピストとクライアントは，協同的実証主義という治療関係において，問題解決のための科学者チームを組み，互いにチームメンバーとして協力し，助け合いながら，クライアントの抱える問題（症状や困り事）を共に理解し，その解決を図っていく（図1参照）。

「実証主義」というからには，CBT の理論やセラピストの専門的見解よりも，クライアントの抱える問題についてデータを取り，そのデータに基づいて仮説を形成したり，介入のプランを立てたりする。セラピストとクライアントは横並びの協同的関係を作り，互いにフィードバックし合いながら問題解決を進めていく。具体的には，ケースの進め方を計画するにせよ，アジェンダを決めるにせよ，ホームワークの課題を設定するにせよ，セラピストはクライアントの意見を求め，それを最大限に活かそうとする。チームメンバー同士の間柄なのだから，セラピストはある程度積極的に自己開示を行うし（同じチームで一緒

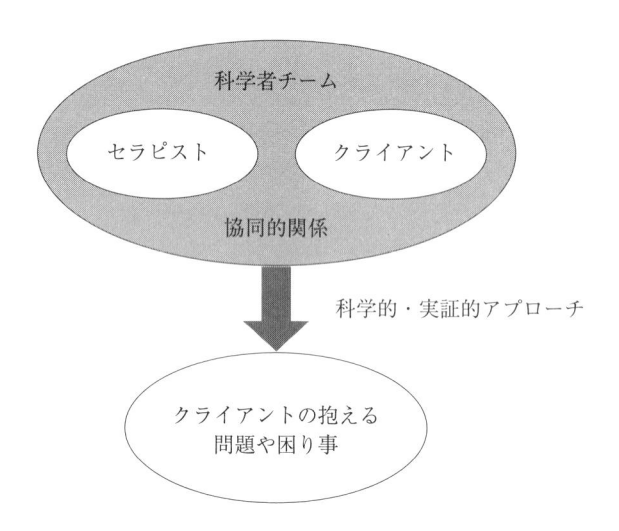

図1 認知行動療法の治療関係＝協同的実証主義

に何かに取り組むのであれば、相手のことを知りたくなるのは当然のことである)、個人的な意見や見解も積極的に伝えていく（専門家の意見として押し付けるのではなく、あくまでもセラピスト個人の意見や見解として伝えるのであるが）。セッションの最後には、必ずクライアントの感想を話してもらい、それを次のセッションに活かそうとする。これが「協同的実証主義」の具体的な有り様である。

　筆者が思うに、このような治療関係は、心理療法の歴史においても、精神医学の歴史においても画期的である。たとえば精神分析では、セラピストとクライアントは二者関係を形成し、その関わりにおける転移や逆転移をセラピストが解釈する。来談者中心療法では、セラピストはクライアントに自己開示や意見を求められても、そのような気持ちになったクライアントの内面について伝え返す（例：「あなたは私の意見をお聞きになりたいのですね」）。伝統的な行動療法の治療関係は、トレーナーとトレーニーという訓練における関係に近く、協同的関係とは言いがたい。あるいは精神医学における医師と患者の関係も、これまでの歴史において基本的にはパターナリズムが中心であったと思われる。もちろん実際の臨床現場ではこのような単純化された治療関係ではなく、様々な関わりが柔軟になされてきたことと思われるが、少なくとも治療関係の理念として、ここまで明確に「協同的実証主義」が謳われた治療法は、Beckの認知療法が、そしてそこから発展した認知行動療法が初めてであり、その意味で画期的なのである。一言で言えば、認知療法、認知行動療法は非常に「民主的」な心理療法である。

　筆者は、この「協同的実証主義」という理念、そして治療関係のあり方に、特に初心者の頃、大いに助けられた。当時は今に比べてもっとCBTについてスーパーバイズを受けることが難しく、しかも初心者であるから自分の知識や技術のレベルに自信がもてず、いつも「これでいいのか」という迷いの中で面接を行っていた。しかし振り返ってみると、いつでも助けてくれたのはクライアントの方々であった。筆者は各セッションの後、そのケースやセッションの進め方について、そしてセッションにおけるクライアントの反応や発言について、あれこれと検討し、常にその検討結果を次のセッションでクライアント自身に伝え、フィードバックをもらうようにしていた。「専門家なのにクライア

ントに訊ねるなんて（とんでもない）」という意見を専門家側からいただいたこともあるが，クライアントにしてみれば，自分のことを訊かれているのだから当然とはいえ，セラピストから意見を求められて拒否するどころか，皆さん一生懸命考え，フィードバックしてくれ，それをその後のケースの展開に活かすことができた。クライアントのことはクライアントに訊くのが一番早道である。そのことを教えてくれたのがBeckの認知療法なのであった。

3. 行動療法・認知療法から認知行動療法（CBT）へ

これまで述べたとおり，行動心理学に基づいて行動療法が構築され，それとはまた別の流れで（精神分析や認知心理学に基づいて）認知療法が構築された（ただしBeckは当初から行動療法を組み込んだかたちで認知療法を構築した）。しかし「科学者-実践家モデル」に基づくアプローチであること，クライアントの再学習を重視していること，ケース全体の流れや1回のセッションを構造化することなど，両者の共通点が理論的にも臨床的にも認識されるようになり，1980年代以降，両者は「認知行動療法（Cognitive Behavior Therapy: CBT）」として発展・統合されることになった。

この統合にあたっての重要な人物や理論としては，Albert Bandulaの社会的学習理論，Donald H. Meichenbaumの自己教示訓練や認知行動変容，Thomas J. D'zurillaの問題解決療法，Albert Ellisの論理情動行動療法，Richard S. Lazarusの心理学的ストレス理論などが挙げられる。

またBeckが1982年にローマで開催されたヨーロッパ行動療法学会に参加し，そこでイギリスの臨床心理学者David M. Clarkと出会ったことも大きい。イギリスは伝統的に不安障害に対する行動療法が盛んで，そこにBeckの認知療法が加わることで，パニック障害，強迫性障害，社交不安障害，恐怖症など各種不安障害の認知行動モデルと治療プロトコルが構築・開発され，多くのエビデンスが蓄積されることになった。

認知療法と行動療法の統合の流れについてはここではこれ以上触れないが（詳しくは，たとえば丹野（2006）を参照），この統合の流れに関して，日本の現状を確認しておきたい。日本でも，1975年に日本行動療法学会，それよりかなり遅れて2001年に日本認知療法学会の第1回大会が開催され，その後も

それぞれが別個に年次大会を開催している状況である（同時開催というかたちを取って，同時期に同会場で大会が開催されたことは何度かある）。当然のことながら各学会はそれぞれが独立した学術団体であり，別個に学術誌の発行もしている。しかし学術誌の論文や，年次大会でのシンポジウムや発表，そしてワークショップのタイトルや内容を見ると，そのほとんどが「認知療法」「行動療法」に特化したものではなく「認知行動療法」がテーマとなっており，両者の違いより共通点のほうがはるかに多く感じられる。筆者にも両学会の大会に参加する機会が最近増えているが，両者における発表タイトルや内容があまりにも似通っているために，同一の学会に年に二度参加しているような錯覚に襲われることがあるぐらいである。世界的に行動療法と認知療法が統合されて認知行動療法と称されるようになっている現在（世界的には学会レベルでの統合が行われている），そして学会費や日程のやりくりなど実際的な視点から，日本でも学会レベルでの統合を望まれる声は多いが，理論的な立場から，あるいはその他の理由で統合は難しいとの声も聞かれる。

　しかしながら本章の「臨床的発展」という視点から考えると，はなはだ乱暴な表現になってしまうが，臨床現場における実践においては，そのセラピーが認知療法か，あるいは行動療法か，はたまた認知行動療法か，というのは「どうでもよい」ことであると思われる。少なくとも本節の冒頭で述べた，「人の心のあり様は，環境と個人の相互作用から成る」という人間観と「科学者‐実践家モデル」という理念に沿って，そして Beck が提唱した協同的実証主義という治療関係に基づき，セラピストとクライアントが協力して問題解決にあたっていくのであれば，それは認知療法でもあり，行動療法でもあり，認知行動療法でもあるのである。臨床的には，特に個別のケースマネジメントにおいては，それが理論的にどうであれ，クライアントの役に立てばそれでよいのであって，そういう意味では，現場で CBT を実践するセラピスト（それが医師であっても心理士であっても看護師であっても）の大半は，筆者を含め，理論的な部分には大したこだわりをもたずに，認知行動療法を実践していると言えるだろう。

3. 認知行動療法の臨床的展開

前節ではCBTの起源について述べた。次節では、現在、CBTがどのような場でどのように実践されているのか、ということについて具体的に述べる予定である。そこで前節と次節をつなぐ本節では、CBTが臨床的にどのように展開してきたか、そして現在どのような状況にあるか、ということについて概観する。ただし紙幅の関係もあり、本節はあくまでもざっくりとした「概観」に留めたい。

1. シンプルケースから困難ケースへの適用の広がり

CBTは当初、比較的病態がシンプルなうつ病や不安障害に対して構築され、それらの治療効果がエビデンスとして示されたが、その後、精神科治療や心理療法では介入が難しいとされていた様々な症状や障害にも適用されるようになり、エビデンスも示されるようになった。それはたとえば、難治性のうつ病や不安障害であったり、いくつもの併存疾患を抱えるケースであったり、統合失調症の陽性症状および陰性症状であったり、摂食障害であったり、種々のパーソナリティ障害であったりする。

2. エビデンスの蓄積とガイドラインへの記載

エビデンスが蓄積されることによって、各種のガイドラインにおいて、「推奨される介入法リスト」の中にCBTが記載されることが増えてきた。たとえば2006年に米国心理学会が公表した「有効性が"研究によって明確に実証された"介入法のリスト」では、うつ病、双極性障害、統合失調症および重度の精神病性障害、パニック障害、強迫性障害、全般性不安障害、社交恐怖／スピーチ不安、特定の恐怖症、PTSD、摂食障害（過食症、肥満の問題）、不眠症、慢性疼痛、境界性パーソナリティ障害において、CBTのアプローチが記載されている（APA, 2006）。現在このような情報は、インターネットを通じて世界中からアクセスできる。エビデンスのある治療法としてガイドラインに記載されれば、セラピスト側はそのような治療法を習得したいと思い、クライアント側はそのような治療を受けたいと思うのは当然のことであろう。CBTに対

する爆発的な興味関心の高まりは，エビデンスの蓄積のみならず，各種ガイドラインに記載されたことが大きいと筆者は考える。

3. パッケージCBTとオーダーメイドCBT

　本来BeckのCBTは，個々のクライアントに合わせて事例定式化（ケースフォーミュレーション）を行い，介入を進めていくやり方であったが，その後，特に不安障害，なかでも認知行動的病理モデルをクリアに描きやすいパニック障害や強迫性障害を中心として，「この症状にはこのとおりのやり方でCBTを適用するとよい」「この障害にはこのプロトコルでCBTを進めるとよい」というような，いわゆる「パッケージCBT」が台頭してきた。パッケージCBTは，定式的なマニュアルが用意されているので治療者側が習得しやすい，治療効果研究を行いやすい，治療者による効果のばらつきが少ない，効率的にCBTを進められる，などの利点がある。ただ一方，同じうつ病でもAさんの「うつ病」とBさんの「うつ病」とCさんの「うつ病」は異なるはずで，それをマニュアルで画一的に治療するには限界があるとの指摘もあり，あくまでもCBTは個別のクライアント，個別のケースに合わせてカスタマイズするべきだという，いわゆる「オーダーメイドCBT」を重視する考え方もあり，現在は，その両方が併存している状況である。筆者もそうだが，実際の臨床現場では，「パッケージvsオーダーメイド」という対立構造ではなく，両者の長所と短所を考慮しつつ，ケースバイケースでそれらを使い分けたり，併用したりすることが多いのではないかと思われる。

4. いわゆる「第三世代CBT」への注目

　伝統的な行動療法を「第一世代CBT」，Beckの認知療法を「第二世代CBT」と称し，それらを超えた「第三世代CBT」として，「マインドフルネスに基づく認知療法」や「ACT（アクセプタンス＆コミットメントセラピー）」が注目されるようになってきている。たとえば古典的なBeckの認知療法では，認知の内容（ネガティブに偏った自動思考や信念）の修正を目指すが，マインドフルネスに基づく認知療法では，認知の内容ではなく，「同じことを何度も繰り返し考え続け，その思考から抜け出せない，その思考を手放せない」といっ

た認知の機能に注目し，マインドフルネスの訓練により，思考に距離を置けるようになることを目指す。あるいは ACT では，そのクライアントにとっての「価値」を明確にし，自らの価値に合った生活の仕方にコミットできるようクライアントを励ましていく。このように書くと，各世代の CBT が質的に異なっていたり，古い CBT が色あせて見えたりするかもしれないが，これも上記のパッケージとオーダーメイドの問題と同様，現場で臨床実践を行うセラピストは，新たな理論や方法論を学びつつ，それらをケースに合わせて併用したり使い分けたりしているものと思われる。

5. 精神科領域以外での適用の広がり

　当初はうつ病と不安障害を対象とした CBT であったが，上記のとおり精神科における多種多様な障害や症状にまずその適用範囲が広がった。その後，今度は精神科のみならず，いわゆる一般身体科においても CBT を活用しようという動きが強まっている。それはたとえば生活習慣病であったり，禁煙治療であったり，産婦人科での諸症状であったり，癌患者へのサポートであったり，歯科治療であったりする。また医療のみならず，たとえば産業や教育における予防教育やストレスマネジメントであったり，司法における犯罪者の再犯予防であったり，福祉におけるケースマネジメントなど，様々な領域で CBT が活用されるようになってきている。

6. 日本での現状

　本章の冒頭で述べたとおり，1990 年前後に Beck 等の翻訳書が相次いで出版され，またその頃より急速にインターネットが普及したことも相まって CBT のエビデンスが知られるようになり，その頃には日本でも少しずつ CBT が知られるようになってはいたが，多くの人（専門家および当事者）の注目を集めるところまではいかなかった。1990 年代には欧米では CBT の研究や現場への普及がかなり進んでいたので，当時は欧米と日本では相当なギャップがあったのではないかと思われる。おそらく分岐点は，2004 年に神戸で開催されたWCBCT（世界行動療法認知療法会議）の第 4 回大会であろう。これはアジアで初めて開催された CBT の国際会議であり，世界 29 カ国から約 1,400 名の専

門家が参加し，日本からも学生や若手を含め多くの専門家が参加した。この WCBCT の成功が，日本での CBT に対する関心が爆発的に高まったきっかけであると言われており，その後実際，メンタルヘルスに関わる専門家（心理士，精神科医など）が CBT を習得しようとする動きが高まり，同時に CBT を受けたいという当事者の声も強まり，さらに日本でも厚生労働省の研究においてうつ病に対する CBT のエビデンスが確立され，2010 年にはうつ病に対する CBT が保険点数化されるに至った。また 2011 年には国立精神・神経医療研究センターに認知行動療法センターが設置され，そこを拠点として公的にも CBT をさらに普及させ，活用しようとする動きが高まっている。

以上，本節ではこれまでの CBT の臨床的展開をごく大雑把に振り返った。次節では，現在，主にわが国において CBT がどのように実践されているかについて，筆者の限られた知識と経験の範囲内ではあるが，例を交えて具体的に報告してみたいと思う。

4. 様々な場での認知行動療法の実践

1. ケースフォーミュレーションの重要性の再認識

前々節，前節でも述べたとおり，行動療法はもともと不安障害，認知療法はもともとうつ病に対して構築されたアプローチである。筆者も精神科クリニックにて CBT の実践を始めた頃は（1990 年代前半），病態がわりあいシンプルで，ある程度落ち着いた状態にあるクライアントに限って，もちろん主治医の許可と本人の同意を得た上で，症状に焦点を絞ったシンプルな CBT を実践していた。スーパーバイズも単発でしか受けられず，初心者が手探りで行う CBT ではあったが，CBT の「協同的実証主義」という理念に助けられ，クライアントと共にクライアントの抱える「症状」という「問題」を解決するための CBT は，多くのケースでそれなりに着地点を見つけることができ，十分ではないにせよクライアントにある程度満足していただけることが多かった（もちろんそこまで到達できなかったダメなケースも少なくなかった。当時のクライアントにはお詫びのしようもない）。また CBT におけるクライアントの脱落率が，当時のクリニックの他のアプローチの心理療法よりずっと低かった

め，クリニックの医師たちから「認知行動療法は結構役に立つアプローチかもしれない」と少しずつ思っていただけるようになったという経験をした。

　そうなると筆者が担当を依頼されるケース数が増えてくると共に，複雑な病態や問題を呈するケースを依頼されることが少しずつ増えてきた。そこで重要になったのがいわゆる「事例定式化」「ケースフォーミュレーション」である。当時筆者はCBTとは別に，認知心理学や認知科学における問題解決の理論と手法について研究を行っており，問題解決の過程は「問題の理解」と「解決法の探索」から成り，前者が後者に必ず先行すること，エキスパートは問題の理解に十分な時間をかけることなどを学び，そのような問題解決の理論をCBTに活かすためには，クライアントの抱える問題を単純化せずに，まずは十分に理解することが必要であると考えるようになった。またCBTの分野でも「認知的概念化」「事例定式化」「問題の複合的理解」の重要性を指摘する論文やテキストが相次いで出版されるようになった。つまり当時の流れとして，CBTの適用範囲が拡大されるに従い，シンプルな症状に対するシンプルなアプローチではなく，個々のケースにおいてケースフォーミュレーションをしっかりと行い，個別にカスタマイズしていく必要性が強調されるようになったのである。上記のとおり，その流れに呼応するかのように筆者自身が担当するケースも複雑なものが増え，すぐに介入をしたり解決を目指したりするような「解決志向」のCBTではなく（もちろんシンプルなケースではこのような解決型CBTも可能である），クライアントの抱える問題のメカニズムをまずはじっくりと理解することを目指す「問題志向」のCBTを実施することが増えていった。つまりあらためてケースフォーミュレーションの重要性を認識，実感するようになったのである。

　現在筆者が運営するCBT機関は，インテーク面接までの待機期間が長いこともあり，慢性化・複雑化した事例や，複数の主訴を抱える事例，パーソナリティや発達の問題を抱える事例が多いので，やはりまずはケースフォーミュレーションを，時間をかけてしっかりと行うというアプローチを取ることが圧倒的に多い。前節でいうところの「オーダーメイドCBT」である。そして筆者の運営する機関に限らず，特に精神科に関わる臨床現場でCBTを実践するのであれば，多くのケースがおのずとオーダーメイドCBTになるのは必然的

であろう。というのも，患者さん・クライアントはそれぞれ個性をもった個別の存在であり，しかも彼ら・彼女らが抱える症状や問題も多種多様である限り，そしてCBTが多くの精神科的症状や問題をカバーしようとする限り，パッケージではなく，個別の対応が必要になるのは当然だからである。そういう意味では，エビデンスとして提示されるCBTの治療効果は，パッケージCBTの研究によるものが多いので，そこにパッケージCBTとオーダーメイドCBTの解離，すなわち研究と臨床実践のギャップを感じる臨床家は少なくないのではないだろうか。現場の臨床家としては，研究によって提示されたエビデンスや治療プロトコルを学びながらも，それをそのまま現場で使うというよりは，いかにそれを個別のケースで役立てるかという発想が現実的なのではないかと筆者は考えている。

2. 統合失調症に対するCBT

筆者が臨床心理学やCBTを学び始めた頃，「統合失調症の患者さんに対しては心理療法を実施してはならない」「陽性症状（幻聴や妄想）について話を聞くと症状が悪化するから，話を聞こうとしてはいけない」などと言われていた。しかし精神科クリニックに勤務していた筆者は途中から精神科デイケアのプログラム運営に携わるようになり，デイケアのメンバーには統合失調症の方が多かったのだが，彼ら・彼女らと様々な活動を共にしたり，活動の合間に面接を行ったりすると，自らの幻聴や妄想の話を自主的にしてくれるようになり，こちらがそれに興味を示すとさらに喜んで話してくれるようになり，しかもそのせいで症状が悪化することを経験したことは一度もなく，筆者は「統合失調症の陽性症状の話を聞いてはいけない」という俗説（？）に疑問を抱くようになった。また，日常生活のリズムを整えたり再就職の準備をしたりするための手助けが欲しいというニーズから，統合失調症のクライアントとCBTを行うケースが少しずつ増えていったが，互いの信頼関係（いわゆる「ラポール」）が形成されると，やはりこちらから訊かなくても，クライアントが自らの幻聴や妄想などの病的体験を進んで話してくれるようになることが少なくなく，皆それぞれ独自の対処法を工夫していることを知り，勉強になったし大変興味深かった。

そんな中で北海道の浦河の「べてるの家」の活動を知り（「べてるの家」については後述する），統合失調症に対するCBTを含む先駆的な援助と治療がこの日本で行われていることを知った。また原田誠一氏が翻訳した『統合失調症の認知行動療法』が出版されるなどして，特に英国では統合失調症の陽性および陰性症状に対するCBTの実践と研究がかなり広がっていることを知り，さらに最近では日本の学会でも統合失調症に対するCBTのワークショップや事例報告などが徐々に増してきた。他の疾患に比べて統合失調症のCBTについての講師や発表者は，医師，心理士，作業療法士，PSW，看護師など多様であるのも特徴的である。このように，うつ病や不安障害だけでなく，統合失調症に対するCBTが奏効するのであれば，日本の精神科におけるチーム医療のひとつの柱として，CBTが良いかたちで多職種に広まっていくのではないかと期待している。

なお筆者の運営するCBT機関にもケース数は多くはないが統合失調症や失調型感情障害と診断されて紹介されてくるクライアントがいらっしゃる。これらのケースももちろんケースフォーミュレーションを経て個別にカスタマイズしていくわけだが，たとえば幻聴に対するコーピングを一緒に見つけたり，生活における機能低下を改善するために行動活性化を図ったり，対応は様々である。やはりここでも重要なのは前述したケースフォーミュレーションと「オーダーメイドCBT」だと思われる。

3. パーソナリティ障害に対するCBT：特にスキーマ療法について

抑うつ症状や不安の諸症状に対するCBTにおいても，Beckは「信念」「スキーマ」を認知モデルに組み込んで構造的・階層的な概念化を試みたが，CBTがパーソナリティ障害を対象とするにあたっては，むしろそれらの「信念」「スキーマ」が概念化やケースフォーミュレーションの中核になってくる。A. BeckそしてJ. Beckの正統派CBTでも，徐々にそのターゲットが広がり，パーソナリティ障害やそれに類するケースも適応となり，幼少期に形成されたネガティブで非機能的なスキーマや信念の理解や習性が治療目標となるに至った（たとえば，J. Beck, 2005年）。ただしパーソナリティ障害に特化したCBTで，しかもエビデンスが示されているという点では，Marsha M. Linehanの「弁証法的行動療

法」および Jeffrey E. Young の「スキーマ療法」の２つが特に重要であろう。

　弁証法的行動療法は，境界性パーソナリティ障害の衝動制御の問題（自傷行為，自殺関連行動，薬物乱用や過食嘔吐など）に焦点を当てた非常に構造的でパッケージ化されたアプローチである。クライアントは治療を通じて，マインドフルネス，対人関係スキル，感情調節スキル，苦痛に耐えるスキルの４つのスキルを習得する。また治療は，個人セッション，グループセッション，電話コンサルテーション，治療者ミーティングの４つの形態から成り，このような多くの治療的関わりの中でクライアントはスキルを獲得し，衝動的な行動を抑制できるようになっていく。弁証法的行動療法は，境界性パーソナリティ障害をもつ人の自傷行為や自殺関連行動の減少，その他の衝動的行動の減少，衝動的行動による入院日数の減少などにエビデンスがあることが報告され，世界中で広く注目されることになったが，一方，Linehan がパッケージ化した正式な方法と治療構造は，コストや人材的にそのまま実践することが難しく，日本では，部分的に，あるいはそのエッセンスを抽出したかたちで実践されているというのが実情である。

　一方スキーマ療法は，CBT を中核に，ゲシュタルト療法，対象関係論，感情焦点化療法などを取り入れた非常に統合的なアプローチである。スキーマ療法では人生の早期に形成された不適応的・非機能的スキーマを同定し，それらのスキーマを手放したり，それらのスキーマと上手につき合ったりする考え方とやり方を見つけていく。セラピーの構造や内容がパッケージ化されている弁証法的行動療法とは異なり，個別のケースに合わせてオーダーメイド的に適用するのがその特徴である。スキーマ療法のエビデンスとして注目されたのは，上記の弁証法的行動療法とは異なり，衝動的行動の減少のみならず，パーソナリティ障害やパーソナリティそのものの変容や，QOL の向上が示されていることである。つまりスキーマ療法を受けた BPD のクライアントは，衝動的な行動を取ることが減るだけでなく，BPD そのものを手放すことができ，しかも生活や人生の質が向上する，すなわち俗な言い方になるが「よりハッピーになれる」ということが示されたのである。

　筆者らは 2003 年度版の『スキーマ療法』の原著を翻訳し，2008 年に日本語版の翻訳書を出版した。その際，翻訳作業をしながらスキーマ療法を学び，徐々

に現場で実践するようになったが，そのときの筆者の驚きは次のようなものであった。「CBTのひとつの到達点がこれだったのか！」「ついにこれほどまでにも統合的なCBTのアプローチが構築されたか！」「これだったら相当に複雑な困難ケースにも適用できそうだ！」。そして実際，境界性パーソナリティ障害をもつクライアントのみならず，慢性のうつ病を抱えるクライアント，対人関係がどうにもうまくいかないクライアント，社会適応は良好だが長年にわたって生きづらさを抱えるクライアント，発達障害によって人生や対人関係がことごとく思うようにいかないクライアントなど，長期化あるいは複雑化したケースに適用し始めたところ，非常に大きな手応えが感じられ，今では筆者の担当するケースの約5分の2にスキーマ療法を適用しているという現状である。もちろん筆者自身，クライアントに適用する前に，セルフではあるがスキーマ療法を体験し，その効果を実感している。比喩的にいうとスキーマ療法は「人生の棚卸し」のようなものである。スキーマ療法では，これまでの生き方をじっくりと振り返り，そこで形成された自らのスキーマを理解し，受け入れる。そのうえで自分を生きづらくさせているスキーマについては，今後どうやってそのようなスキーマとうまくつき合っていくか，どうやってそのようなスキーマの影響力を減じていくか，対策を講じ，行動を変容させる。このような作業を年単位で行う中で，生き方そのものが変容していく。

　従来のCBTが症状レベルへの介入が主だったとすると，スキーマ療法は症状を生み出すその人のパーソナリティや信念や生き方レベルへの介入が行われる。臨床現場で出会うクライアントたちは，実に様々な主訴をCBTに持ち込む。それは決して症状レベルのものだけでなく，むしろパーソナリティや信念や生き方レベルのもののほうが多いぐらいである。そのようなケースに対して，筆者はこれまでは従来のCBTを何とかオーダーメイドしながら四苦八苦して対応してきたが，スキーマ療法を手に入れたことによって，そのようなケースへの対応力が大きく増強された実感がある。クライアントにもスキーマ療法そのものの心理教育をすることで，希望をもってもらいやすくなった。

　このようにスキーマ療法は，CBT史上，画期的なアプローチであり，筆者としては今後さらにケース数を増やし，できれば日本でのエビデンスを作っていきたいと考えているが，適用上の問題点がないわけではない。一番の問題点

はコストの高さである。いわゆる標準的な CBT のセッション数が 10 〜 30 回ぐらいだとすると（これも実際にはケースバイケースではあるのだが），スキーマ療法のセッション数は通常 100 回以上，期間でいうと 2 年とか 3 年という年単位である。前述の弁証法的行動療法が，Linehan のパッケージを実践するには一度に多くの専門家が関わる必要がある，という意味でコストがかかるとすれば，スキーマ療法の場合，一人の臨床家が一人のクライアントと週に一度のセッションを何年も続ける必要がある，という意味でのコストである。たとえば筆者の運営する機関の場合，医療機関ではなくセッションの料金は全額自費での支払いになるため，その支払いができる程度の収入や金銭的援助のあるクライアントしかスキーマ療法を受けることができない。また専門家の養成という意味でも問題がある。スキーマ療法は CBT を内包するかなり統合的なアプローチであるため，セラピストがスキーマ療法を提供できるようになるためには，理論的にも技術的にもかなりの訓練を受ける必要がある。標準的な CBT を提供できるセラピストの養成が喫緊の課題となっている日本の現状において，スキーマ療法のセラピスト養成は，現在ではなく未来の課題として先送りせざるを得ないのかもしれない。それでもなお筆者は，このスキーマ療法を，CBT のひとつの大きな到達点として実践し，広めていく努力を続けたいと考えている。

4. 発達障害をもつ人と実践する CBT

　精神医学や臨床心理学の文脈において，この 10 年で最も注目度の上がった障害は，何といっても発達障害であろう。当然 CBT の領域でも，発達障害，たとえばアスペルガー症候群や AD/HD などの障害に対するアプローチについて，研究や発表や実践が増えていくことになろうが，筆者の臨床的実感としては，CBT の理念に基づき，クライアントの反応を確認しながら，丁寧に CBT を実践していくことそのものが，発達障害を抱えるクライアントの助けになるように思われる。
　たとえば筆者は，アスペルガー症候群をもち，二次的にうつ病や不安障害を発症して CBT を受けにくる成人のクライアントにお目にかかることが多いが，クライアントの主訴や希望を丁寧に具体化すること，CBT の進行の全体像を

視覚的にわかるツールで示しながら説明すること，1回のセッションの構造も毎回紙に書いて共有すること，クライアントの主訴をアセスメントツールで外在化しながら理解していくこと，非常に具体的な課題をホームワークとすること，課題はできるだけスモールステップに細分化すること，どんな作業についてもその理論的根拠をいちいち説明すること，コミュニケーションについてのコミュニケーション（メタコミュニケーション）をいちいち行うこと……などを通じて，皆さん見事に回復していかれることが少なくない。おそらくCBTのテキストに書かれてあることをきちんとそのとおりに実践することそれ自体が，アスペルガー症候群の実行機能や情報処理，そしてコミュニケーションの苦手な部分を補うのではないかと考えられる。

5. 医療の場以外でのCBTの実践

　医療の領域においては，精神科を超えた様々な身体科でCBTが活用され始めていることについては前節で述べたが，現在では医療領域のみならず，様々な領域（産業，教育，司法，福祉，コミュニティなど）でCBTが活用され始めている。

　たとえば司法領域では，まず性犯罪の再犯予防プログラムにCBTが取り入れられ，現在では全国の刑務所や保護観察所でプログラムが実施されている。筆者も2006年頃から矯正施設や保護施設に出向いてワークショップや研修を行ったり，スーパーバイザーとして当事者のグループプログラムに入ったりしているが，病気の症状であれ，犯罪という問題行動であれ，当事者が自らの体験をCBTのモデルを通して理解し，症状や問題行動につながらない新たな自助やコーピングのあり方を習得する，という意味では，CBTが等しく役立つことを実感している。正直言って当初は，「犯罪者に強制的にCBTを受けさせることに，どのような効果があるのか」と，それこそ否定的な自動思考が筆者の中に生じていたが，実際に司法領域でのCBTに関わるようになって，当初たとえモチベーションが低くとも，CBTを体験するうちに，その効果を実感し，自分のためにCBTを活用しようとする当事者が少なくないことを知り，筆者の否定的な認知が再構成された次第である。現在，司法領域では，性犯罪のみならず薬物犯罪（覚せい剤など），交通犯罪（アルコール依存症が背景に

ある交通事故は少なくない），暴力犯罪（DVなど）など，CBTを用いたプログラムの対象が広がりつつあり，その効果が期待されている。

産業領域では，うつ病など精神疾患による休職や離職が問題となっているが，どちらかというと治療ではなく予防のためにCBTを活用しようという動きが強まっている。それはたとえばe-ラーニングを用いたコンピュータによるCBTの自己学習であったり，メンタルヘルスやストレスマネジメントの研修にCBTを組み込んだり，という手法である。筆者も企業の研修講師を務めることがときどきあるが，いきなりCBTの話をするのではなく，ストレスコーピングの考え方や手法を紹介する中で，CBTを導入するという話のもっていき方が，ビジネスパーソンには抵抗なく受け入れてもらえるように感じている。また精神疾患で休職した人が復職する際，病院やクリニックや自治体の復職プログラム（「リワーク」と呼ばれることが多い）を活用する人が増えているが，リワークの中でCBTを学び，再発予防を行うというのも，産業領域ならではのCBTの活用の仕方だと思われる。

予防教育にCBTを活用するという意味では，産業も重要だが，学校での健康教育の一環として，子どもたちにあらかじめCBTを教えておくということも重要だろう。小学校，中学校，高等学校，大学などにおいても，そのような予防的な試みが始められているようである。筆者の臨床の場は主に医療や司法領域なので，すでに具合が悪くなっている人，すでに罪を犯してしまった人を対象とすることが圧倒的に多いのだが，子どものうちから学校でCBT的なセルフヘルプの考え方や手法を身につけ，さらに産業領域でもCBTを組み込んだ予防教育が十分にされれば，病気や犯罪を予め防ぐことが可能になり（もちろんそのすべてを防ぐのは不可能ではあろうが），そのほうがずっと効率的だと思われる。

このようにCBTの実践の場が増えるということは，CBTを提供するセラピストやトレーナーも多種多様になるということになる。事実，当初は医師や心理士がCBTを提供することが多かったが，現在では，看護師，保健師，精神保健福祉士，カウンセラー，作業療法士，理学療法士，教師，地域のソーシャルワーカー，刑務官，保護観察官など，多くの対人援助職の方々がCBTを実践するようになっている。CBTが広まるのであれば，今度はその質の担保を

考える必要があるが，セルフヘルプの手法としてCBTを普及させるにあたっては，多種多様な職種や立場の人がCBTを提供するという現在の流れは望ましいのではないかと筆者は考えている。

6.「べてるの家」のユニークな実践

　本節の最後に，「CBTの臨床的発展」の一形態として，北海道の浦河で展開されている「べてるの家」の実践を紹介したい。べてるの家は，精神障害当事者を主体とした複合的な活動が行われているコミュニティで，1980年代に活動が開始された当初は，統合失調症の当事者が多数を占めていたが，現在ではそれ以外の多様な当事者が関わっている。べてるの様々な活動自体はCBTの枠を大きく超えた，非常に豊かなものであるが，CBTに関わるべてるの活動として，ここでは「当事者研究」を紹介しておきたい。

　「当事者研究」とは，その言葉どおり当事者が（精神障害を抱える人だけが当事者ではなく，誰もが当事者になりうる），自らの抱える問題や症状や生きづらさや人生のテーマを，それがどのように発生し，どのように維持されているのか，そしてそれにはどのような意味があるのか，つまりそのメカニズムや機能を，仲間や援助者と共に理解し，理解したうえで対処していこうとする営みのことである。その営みのあり方は，CBTにおけるケースフォーミュレーションと共通点が多いのだが，当事者研究におけるテーマの扱い方，周囲の仲間や援助者の関わり方，セッションにおけるコミュニケーションのあり方，ホワイトボードや紙への外在化の仕方など，非常に工夫がこらされており，またこれまでのべてるの家における様々な知恵がちりばめられており，大変に勉強になる。そもそも「当事者研究」という言葉自体が新鮮である。筆者も，自らのCBTの実践において，アセスメントやケースフォーミュレーションの際にクライアントに対し，「あなたの困りごとのメカニズムを一緒に研究してみませんか」などと，あえて「研究」という言葉を使ってみることがあるが，おおむねクライアントの反応や食いつきは良好である。おそらく「研究」という言葉は，侵襲性が低く，人をワクワクさせるような響きがあるのだろう。

　当事者研究をはじめとするべてるの家の活動は，「問題や病気と闘わない」というのが特徴的である。たとえば統合失調症の症状である幻覚や妄想につ

いても，CBT だといかに症状と闘うか，ないしはいかに症状を無効化するか，という発想になりがちだが，べてるの場合，幻覚や妄想は当事者研究の立派なネタとして大事にするし，年に1回のべてるの総会（「べてる祭り」という）では，なんと「幻覚妄想大賞」として表彰したりもする。筆者はべてる祭りに参加したことがあるが，幻覚や妄想のない，つまり統合失調症でない当事者が，「自分には幻聴さんが来ないから，大賞がもらえなくて残念だ」（べてるでは幻聴のことを「幻聴さん」とさん付けで呼ぶ）と，本当に悔しそうに言っていたのを目撃した。このように，症状と闘うのではなく，症状を受け入れ，研究し，症状と仲よくするというコーピングのあり方は非常に柔軟で，ぜひ CBT にも取り入れていきたいと思う。べてるの家の活動は世界的に注目されつつあるが，日本にこのようなすばらしい活動があることを誇りに思いつつ，日本の認知行動療法家はべてるをモデルとすることで，より柔軟で豊かな CBT の実践が可能になるのではないだろうか。なお最近，CBT において世界的に注目されているマインドフルネスも，基本的には「闘わないコーピング」である。べてるの活動とマインドフルネスにも，どこか共通するものがあるように思われる。なお，べてるの家の営みと CBT の関連性については，拙著（伊藤・向谷地, 2007）を参照されたい。

5. おわりに

今後の CBT の臨床的発展に向けての課題としては，①CBT を提供できる臨床家・トレーナーの育成，②それらの臨床家・トレーナーの提供する CBT の質の担保，③セルフで CBT を習得するためのワークブックやインターネットのサイトの開発，④日本における CBT のエビデンスの蓄積，⑤日本における CBT のエビデンスや諸研究，諸実践の世界への発信，といったあたりになろうか。ただし筆者としては，CBT はしょせん，人が人と協同作業をしたり，人が人を援助したり，人が自分を上手に助けたりするためのツールにすぎないと考えており，CBT というツールを有効活用するためのそもそもの基盤を整えることのほうがむしろ重要なのではないかと考えている。それはたとえば，傾聴や受容共感といった支持的・援助的コミュニケーションを多くの人（特に

対人援助職者）が身につけることだったり（CBT を受けなくてもそれだけで救われる人はたくさんいるはずである），CBT をはじめとした対人援助・対人支援を提供するインフラを整えることだったりする．筆者は CBT に関わる専門家の端くれとして，CBT というツール自体に磨きをかけつつも，CBT を実践する社会そのものをよくしていくことの重要性を忘れずに歩んでいきたいと強く考えている．

文　献

1) APA (2006)：Presidential Task Force on Evidence-Based Practice. *American Psychologist* 61, 271-285
2) Beck, A. T. (1976)：*Cognitive Therapy and the Emotional Disorders*. International Universities Press, New York. 大野裕訳（1990）：認知療法――精神療法の新しい発展．岩崎学術出版社，東京
3) Beck, A. T. Rush, A. J. et al. (1979)：*Cognitive Therapy of Depression*. Guilford Press, New York. 坂野雄二監訳（1992）：うつ病の認知療法．岩崎学術出版社，東京；坂野雄二監訳（2007）：[新版] うつ病の認知療法．岩崎学術出版社，東京
4) Beck, J. S. (1995)：*Cognitive Therapy: Basics and Beyond*. Guilford Press, New York. 伊藤絵美・神村栄一・藤澤大介訳（2004）：認知療法実践ガイド　基礎から応用まで――ジュディス・ベックの認知療法テキスト．星和書店，東京
5) Beck, J. S. (2005)：*Cognitive Therapy for Challenging Problems*. Guilford Press, New Work. 伊藤絵美・佐藤美奈子訳（2007）：認知療法実践ガイド：困難事例編――続ジュディス・ベックの認知療法テキスト．星和書店，東京
6) Burns, D. D. (1980)：*Feeling Good: The New Mood Therapy, Revised and Updated*. Morrow, New York. 野村総一郎ほか訳（2004）：いやな気分よさようなら――自分で学ぶ「抑うつ」克服法．星和書店，東京
7) フリーマン，A. 著，遊佐安一郎監訳（1989）：認知療法入門．星和書店，東京
8) 伊藤絵美・向谷地生良編（2007）：認知行動療法，べてる式。医学書院，東京
9) Kingdon, D. G. & Turkington, D. (1994)：*Cognitive-Behavioral Therapy of Schizophrenia*. Guilford Press, New York. 原田誠一訳（2002）：統合失調症の認知行動療法．日本評論社，東京
10) Linehan, M. M. (1993)：*Cognitive-behavioral Treatment of Borderline Personality*

11) 武藤崇編著（2006）：アクセプタンス＆コミットメント・セラピーの文脈——臨床行動分析におけるマインドフルな展開．ブレーン出版，東京
12) 大野裕（2003）：こころが晴れるノート——うつと不安の認知療法自習帳．創元社，大阪
13) Segal, Z. V., Williams, J. M. G. & Teasdale, J. D. (2002): *Mindfulness-based Cognitive Therapy for Depression*. Guilford Press, New York. 越川房子監訳（2007）：マインドフルネス認知療法——うつを予防する新しいアプローチ．北大路書房，京都
14) 丹野義彦（2006）：認知行動アプローチと臨床心理学——イギリスに学んだこと．金剛出版，東京
15) Young, J. E., Klosko, J. S. & Weishaar, M. E. (2003): *Schema Therapy: A Practitioner's Guide*. Guilford Press, New York. 伊藤絵美監訳（2008）：スキーマ療法——パーソナリティの問題に対する統合的認知行動療法アプローチ．金剛出版，東京

（冒頭の項目10の続き）
Disorder. Guilford Press, New York. 大野裕監訳（2007）：境界性パーソナリティ障害の弁証法的行動療法—— DBT による BPD の治療．誠信書房，東京

第6章 認知療法と治療関係

杉山　崇
巣黒慎太郎・佐々木　淳・大島　郁葉

1. はじめに

　認知療法および認知行動療法は治療関係を重視しない心理療法と見られることが少なくない（Leahy, 2008）。例えば，日本では厚生労働省（2011）が公開している『うつ病の認知療法・認知行動療法治療者用マニュアル』では，治療関係という用語は4回使われている。しかし，協同的経験主義およびソクラテス式回答（応答）との関連が述べられている以外は，「治療関係の維持を重視します」，「治療関係を結ぶ」，「治療関係を強化する」という記述にとどまっている。つまり，治療関係の必要性は述べられているものの，治療関係の形成や維持，効果に関する具体的な記述はない。確かに認知療法は，クライエントが自己支援できるスキルを身につけてもらうことを目指しており，治療関係はその過程を促進する要因の一つとしてセラピーの課題にはしていない（Gilbert & Leahy, 2007）。

　セラピーを促進する治療関係について，Beck & Freeman and Associates（1990）は誠実で温かい対応，明確でわかりやすい語り口を心がけて，セラピーの成功とは何か，その成功はどうすれば続くのか，そのための課題や障害は何か，共同して考える必要性を挙げている。これは Bordin（1979）が定義した治療同盟（therapeutic alliance）の3要素，つまり目標の合意（agreement of goals），課題の設定（assignment of task or series of tasks），そして両者の団結の深まり（development of bonds）にほぼ該当すると言える。

　しかし，このような治療同盟のプロセスにクライエントがスムーズに参加で

きる場合とできない場合がある。たとえば，共同作業に慣れていないクライエントはセラピストとの共同に違和感をもちやすく（杉山，2011），クライエント自身の希望や動機づけにセラピストがうまく調子を合わせなければセラピーがつまらなくなってくるだろう（Holtforth et al., 2005）。また，クライエントのもつ人間関係のスタイル（人間関係に関するスキーマなど）や人間関係への願望（恋愛や依存，支配，など），他者からの拒絶への過敏さ（被拒絶感：杉山，2011），をセラピストとの関係に投映する転移が治療同盟への参加を妨げることもあるだろう（Leahy, 2007）。何より，セラピーのセッションは本人の苦悩について詳細に語る場でもあるので，苦悩を語る中で自尊心を損ねたり，語ることに抵抗を感じる場合もあるだろう（Newman, 2007）。つまり，認知療法が多くの治療成果を挙げている背景には，セラピスト自身の人間的な資質（humanistic qualities）も活用した（Newman, 2007），治療同盟に参加してもらうセラピストの配慮と工夫があったと言えるだろう（e.g. Gilbert, 1992; Layden et al., 1993; Leahy, 2001）。本稿ではこのような配慮や工夫の実際問題を，統合的な観点で行われた事例（事例2：巣黒担当，事例3：杉山担当）とスキーマ療法を取り入れた事例（事例1：大島担当）から考えてみよう。3つの事例ともパーソナリティに偏りがある，いわゆる「クセのあるクライエント」であり，治療関係の形成や維持にセラピスト自身の人間的な資質の活用も含めた配慮が必要だった事例である。

　なお，近年は治療関係（治療同盟）そのものの治療効果も実証的に検討されている（e.g. Norcross et al., 2011）。治療関係は心理療法の統合的なアプローチと関連する文脈で検討されているが，認知療法はBeck（1990），Alford & Beck（1998）および東（2011）によって統合的心理療法としての可能性が議論されているように，さまざまな心理療法のエッセンスを取り入れることができる心理療法であると考えられる。そこで，まず治療関係の効果についての議論と認知療法の関連を検討してみよう。

2. 治療関係と認知療法

1. 認知療法の特徴と治療関係

　心理療法は4つのアプローチ（認知行動，力動的，人間性，システムズ）に大別されることがあるが（Cooper, 2008），それぞれのアプローチの成立の背景や存在意義は他の心理療法の観点（人間観）を補完することにあると言えるだろう（杉山，2010）。心理療法の歴史として，治療関係は力動的アプローチでは解釈の授与や転移の解釈を，また人間性（特にクライエント中心的）アプローチでは肯定的配慮や共感的理解が議論されてきた（Gilbert & Leahy, 2007）。その中で認知行動アプローチは症状の発生や軽減を説明するモデルと治療効果の実証研究，介入のマニュアル化（ワークシート化）を特徴として強調されてきた。そして，認知療法の黎明期には転移や逆転移の取り扱いが議論されることもあったが，認知療法の特徴である現実検討の共同作業を促すことが長く強調されてきた（Gilbert & Leahy, 2007）。このように，他の心理療法に対する特徴（補完性）を強調する過程で治療関係への配慮が目立ちにくくなっていったと考えられる。

2. 有効な技法と効果的な治療関係

　また，実証に基づいて心理療法の効果を検討する議論を大きく分けると，より有効な技法を探る議論（e.g. Nathan & Gorman, 2002; Chambless & Ollendick, 2001; Chambless & Hollon, 1998）と，効果的な治療関係のあり方を探る議論（e.g. Norcross, 2002; Wampold, 2001; Luborsky et al., 1975; Lambert, 1992）がある。米国では技法の議論は米国臨床心理学会（APA 12）を中心に，治療関係の議論は米国心理療法学会（APA 29）を中心に検討されてきたが，認知療法および認知行動アプローチは技法の議論で取り上げられやすいアプローチであった。実際，Nathan & Gorman（2002）では認知療法および認知行動療法の技法は他の心理療法よりも広く効果が期待できることが示されている。

　一方で，治療関係の議論では心理療法の結果に影響する要因を分類し，その中でより効果的な要因を検討する議論から始まった。これらは，治療関係を心理療法の共通要因（common factor）とし，メタ分析や文献検討を主な方法と

してその効果の大きさを検討した。たとえば，Lambert（1992）は心理療法の結果への効果を治療外要因40％，治療関係要因30％，技法要因15％，期待要因15％と見積もり，治療外要因の効果を87％とより大きく見積もるWampold（2001）の推計でも，治療同盟13％，セラピストのセラピーへの忠誠（therapeutic allegiance）4％，そして治療モデルや技法の効果は1％と，治療関係に関する要因の効果は技法のそれを大きく上回ると報告された。また，治療関係の構成要素の一つである共感の心理療法の結果への効果について，57研究の59サンプルによる3,599人のクライエントのデータに基づいたメタ分析では効果量.30と中程度以上の大きさを示していた（Elliott et al., 2011）。メタ分析以外の方法では，心理療法Q-Sortを用いた認知行動療法と対人関係療法の比較研究（Ablon & Jones, 1999），同じくパニック障害への認知療法的な介入も含めた力動的アプローチのプロセス研究（Ablon et al., 2006）では効果を促す一種の共通要因としてセラピストがクライエントの感情にアプローチする作業が取られていたことが示唆された。

　このように治療関係の効果が示唆される中で，APA 12とAPA 29が合同で委員会を作り，実証に基づいた治療関係のあり方が検討された。その結果，効果が明らかな治療関係要因として共感，治療同盟，クライエントのフィードバック，目標の合意，共同，支持などが挙げられ，効果が期待できるものとして純粋性や逆転移の管理などが挙げられている（Norcross & Wampold, 2011）。

3. 治療関係の治療モデル

　治療関係それ自体の効果が示される中で，認知療法・認知行動療法の効果を支える治療関係の役割が議論されるようになった（e.g. Wright & Davis, 1994; Gilbert & Leahy, 2007; Vyskocilva et al., 2011; Dattilio & Hanna, 2012）。しかし，認知療法は症状の発生と軽減の心理学モデルを実証的に検討して，モデルに基づいて介入に配慮することが特徴の一つである。認知療法の治療関係もこのようなモデルに基づいて検討できると望ましいと言えるだろう。

　これまでに転移の社会認知モデル（Miranda & Andersen, 2007）や愛着スタイルによる治療関係の説明（Gilbert, 2007）などが行われているが，Rogers（1957）がクライエント中心療法で論じた治療関係の3条件が被受容感（他者

148 第Ⅲ部 臨　床

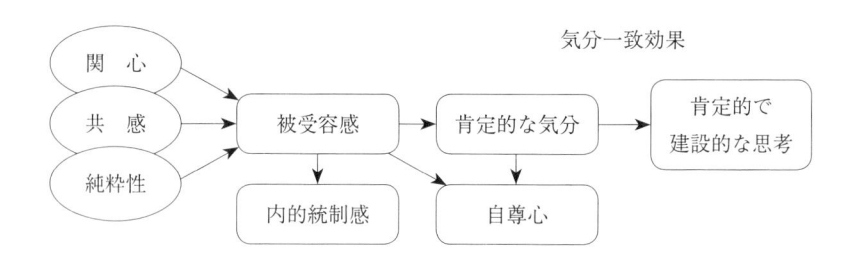

```
   関 心 ─┐
           ├→ 被受容感 ─→ 肯定的な気分 ─→ 肯定的で
   共 感 ─┤      │              │         建設的な思考
           │      ↓              ↓
   純粋性 ─┘  内的統制感        自尊心
                              気分一致効果
```

図1　治療関係の治療メカニズム（杉山，2011 を一部改変）

から大切にされているという実感：杉山，2005a）を醸成すると仮定して治療関係の効果のメカニズムを説明する試みがある（杉山，2011；杉山・坂本・伊藤，2010）。それによると，社会的存在としての人間は他者からの評価に敏感なので（Leary, 2001），**図1**のように被受容感が肯定的な気分に影響すると報告されている（杉山，2005a）。肯定的な気分による気分一致効果の働きで物事を肯定的に考えやすくなることで，より建設的で前向きな考え方をする準備ができるだろう。さらに，自尊心（self-esteem）のソシオメーター理論（Leary & Downs, 1995）では社会的な受容によって自尊心が回復することが示唆され，動機づけと関わる内的統制感（internal control）は応答性のよい環境で育つことが示唆されているが（Lefcourt, 1976），被受容感は自尊心も内的統制感も高める効果が報告されている（杉山，2005a）。なお Sugiyama（2008）は，この観点に基づいて治療関係を重視する認知療法をクライエント中心的認知行動療法と呼んでいる。

　また，人間の脳は社会関係を営むために進化した社会的脳であるという仮説がある（Dunbar, 1998）。近年，社会的刺激に対する脳の反応過程が明らかになりつつある。たとえば扁桃体は他者の不快感の表情成分に極めて敏感であり，外集団（仲間ではない集団）の他者に対しては特に強く警戒信号を発する一方で（杉山，2011），自己開示に対する他者の厚意には快楽物質を分泌すると報告されている（Tamir & Mitchell, 2012）。このような脳の仕組みも治療関係の効果に関係しているかもしれない。治療関係という人間関係の中でどのような社会的刺激がよりよい認知療法的な変容を促すのか，脳のメカニズムから明ら

かになるとさらに充実した人間的配慮が可能になるだろう。

4. 本稿における治療関係への配慮

このように治療関係は認知療法の展開を支えるだけでなく，それ自体の治療効果があることも示唆されており，セラピストがクライエントの個性に応じた関係づくりを心がける意義が示されていると言える。一方で，技法の効果については，筆者らは少なくとも認知療法では Wampold（2001）が推計した1％よりも効果があると考えている。なぜなら，心理療法の効果要因の一つには提供する技法とクライエントの個性のマッチングの重要性も挙げられており（Castonguay & Beutler, 2006），また技法を行う共同作業や認知療法のツールという媒介をはさんでクライエントとセラピストが向き合う中で信頼感や仲間意識が芽生えることも少なくない。つまり，技法が治療関係を支えることも少なくないと筆者らは考えている。そこで，本稿の事例ではクライエントのパーソナリティに加えて，技法とクライエントとの関係，そして技法を媒介にした治療関係にも配慮がなされている。なお，すべての事例はクライエント本人から事例研究への協力について同意を得ており，クライエントの個人情報がわからないように本稿のテーマと関わらない部分は修正されている。

3. 事　例

1. 事例1：パーソナリティの問題が示唆されるクライエントへのスキーマ療法（大島郁葉）

［概　要］
　30代，女性。就業中。
　主　訴：強迫症状・抑うつ感の症状。
　　①自分の持ち物が汚れているのではと気になる。
　　②確認をすることが多く疲れてしまう。
　　③突然いろいろなことが不安になり憂うつが続く。
　既往歴：漠然とした不安感や抑うつ感は物心ついた時からずっとあった。主訴は思春期くらいから対人関係を中心に慢性的にあったが，社会人になったら

それがひどくなった。

　経過の要約：CBTによるケースフォーミュレーション，後にスキーマ療法（Young, 1990）を導入したが，(1)当初は「セラピストと相性が悪かったら替えてほしい」と宣言するかたちで対人関係のパターンを顕在化させたので，セラピーの取り決め（構造化）を協同的に行い，これまでの対人関係のエピソードを時系列に話してもらう「ヒアリング」を通して対人関係のパターンを共有した。(2)共同して作った構造の中でCBTモデルによるケースフォーミュレーションによる問題・目標の同定やスキーマの心理教育，共同関係を深め，(3)スキーマ分析が進むにつれセラピストではなくスキーマを自我違和感のあるものとしてクライエント自身が認識できた，という経過でセラピーが展開した。

　スキーマ療法（Young, 1990）：パーソナリティ障害などの慢性的な心理的障害をもつクライエントへの心理療法で，セラピーの初期段階では，クライエントのもっているスキーマがセラピーの展開に強く影響することが多い。本事例ではクライエントのスキーマがセラピーの進行を妨げない配慮をした結果，スキーマ分析を行った段階で（スキーマの介入に入る前に）強迫症状や抑うつ感が減少し始めた。

　［経　　過］

　(1)初回セッションで「汚れが気になる『強迫性障害の症状』だけ治ってもあまり意味がないと思う」と述べ，「なんで自分がずっと長い期間こんなに不幸せな感覚があるのか知りたい」という希望も訴えた。また，「セラピストは相性が合わなかったら替えてほしい」とも希望した。このような様子から，慢性的な抑うつ感，不安感が常にあり，その一部として強迫症状があるのであるという印象や，セラピストへの不信感を感じた。そこで，治療に対する進め方や約束（治療構造）をクライエントと話し合いながら構築し，セラピーを進めた。まず，治療構造について，「（強迫症状は保留して）漠然とした不安感や抑うつ感は経過が長い症状であるので，『これまでのヒアリング』として主訴にまつわる対人関係のエピソードをうかがい，その後ここで扱う具体的主訴について話し合っては？」と提案した。すると，クライエントは「強迫症状は変な話，そこまで困っているわけではないので，今は自分の困っていることを整理したい」と概ね提案に応じた。次に，担当セラピストについて「担当の変更は，

不満があったら変更を希望する前に率直に伝えてほしい。対応が難しい不満であれば担当を替えることもできるし，対応できることはセラピストも努力したい」とクライエントにお伝えし，同意を得た。

ヒアリングは半年余り続いたが，対人関係に対する違和感や疎外感を示すエピソードだけでなく，最近の動揺した出来事や決断に困っていることへの相談も語られた。その後，主訴を再確認したところ，「生活全般に漠然とした不安があり，一度不安にかられると，そこから抜け出せない。これを繰り返しており，慢性的に抑うつ状態が続いている」と訴えた。その訴えに対する目標を話し合ったところ「不安になっても，ある程度流せたりすればよい」「漠然とした不安や抑うつを減らし，もう少し自分の人生に満足したい」となり，その目標に向けた共同関係を確認した。

(2) では，主訴に沿って数回のアセスメントを行い，スキーマの特徴も含めたケースフォーミュレーションを行った（**図2**）。問題リストとしては，①無

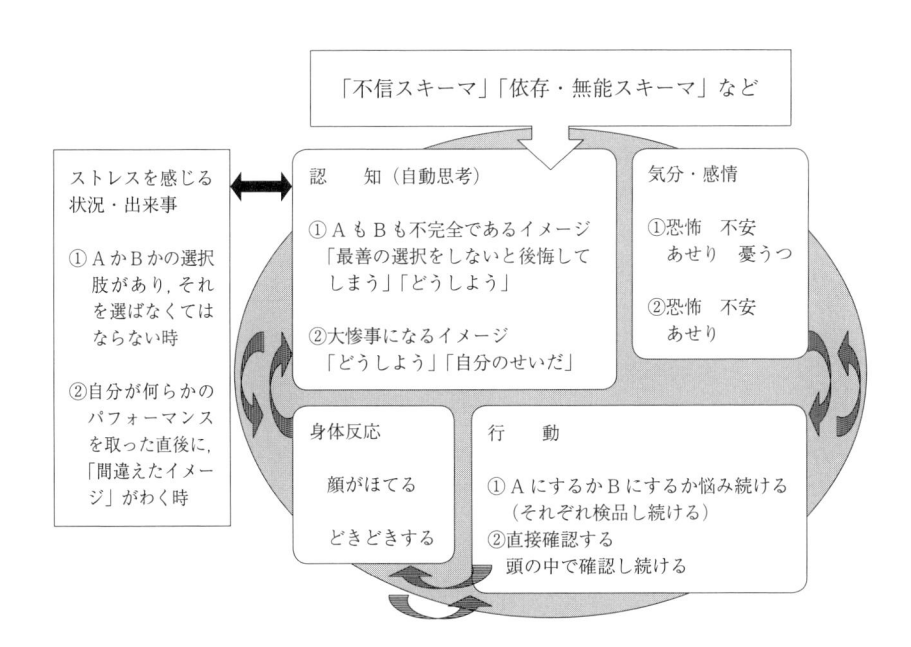

図2 事例のフォーミュレーション

能スキーマ，不信スキーマなどさまざまなスキーマがある。②それらのスキーマが，日常生活で，「見通しの立たない状況」で，最悪のイメージというネガティブな自動思考を沸かせやすい。③そのネガティブな自動思考から，それを心配し続ける，確認することで，「どうにかしようとする」強迫的な行動を取りやすい。もしくは選ぶことを先延ばししようとするという回避行動も取りやすい。④そのような行動をした結果，スキーマを増強させる，となった。目標リストとしては，①スキーマそのものをゆるめたい。②スキーマから湧いてくる自動思考であることに気がつき，流せるようになる。③安全行動を取らなくてもやり過ごせるような行動レパートリーを増やす，となった。

その後，スキーマがアクティブになって認知的にも情緒的にも困惑した状況に対する対処の方法について話し合った。一つは，ストレス体験への対処を身につける認知行動療法を行う方法と，もう一つは，スキーマを徹底的に調べ，理解し，スキーマの変容を目指す「スキーマ療法」というふたつの選択肢をセラピストから示した。すると，クライエントはスキーマ療法を行うことを希望し，スキーマ分析に入った（図3）。

（3）スキーマ分析に入ってからは，スキーマに関するエピソードの聴取やスキーマ質問紙の解説等で，涙を流すことが多く見られた。また，スキーマの名前（スキーマの概念のセリフ）をつけていくにつれて，日常生活のモニタリングにおいても「不信スキーマが湧いてきて，また（重要他者を）検品し始めた」などと自己モニタリングし，それを外在化して報告するようになった。日常生活でも，「突発的に不安になること」「そのままずるずると抑うつモードに入っていくこと」は減り，その現象を，クライエントは，「スキーマに気がつくと，『あ，まただ』と思うので，少し冷静になれる」と報告した。このような過程を経て，不安感，抑うつ感は日常生活では軽減されていった。その後，スキーマの外在化とともに，自我違和感をもってスキーマを日常生活でモニタリングすることができ，それに伴い，スキーマに巻き込まれた不安反応，抑うつ反応は減少した。

［治療関係の経過と考察］

（1）では，「不信スキーマ」と「依存・無能スキーマ」を治療関係で展開する可能性に配慮した。不信スキーマに対しては，たとえばセラピストから

「AとBのプランで私も悩んでいるので，どうしたらいいか話し合いたい」と，協同関係を強調した。依存・無能スキーマへの対応としてはヒアリングの中で「昨日あった件で動揺しているので，その話を聞いてほしい」「これは決められないから，先生にAかBか決めてほしい」という希望に対応した。また，スキーマへの対応でセラピーが進まないことを避けるために，本人と話し合って「スキーマトーク」と名づけ，各セッションで10分以内とした。それらの取り決めはセラピストが紙に書き，毎回の面接ごとにその紙を机上に置き，確認するかたちで面接を進めた。協同的に考案した「構造」をお互いに守ったこと，その中でスキーマの心理教育を早期からしたことで，治療関係が不安定で不信感のあるものから，安定的で信頼感のあるものへと変化したようであった。

(2)ではスキーマを徹底的に調べて困惑する状況そのものを変えるというややチャレンジングなクライエントの選択があったが，この選択の支えにはこれ

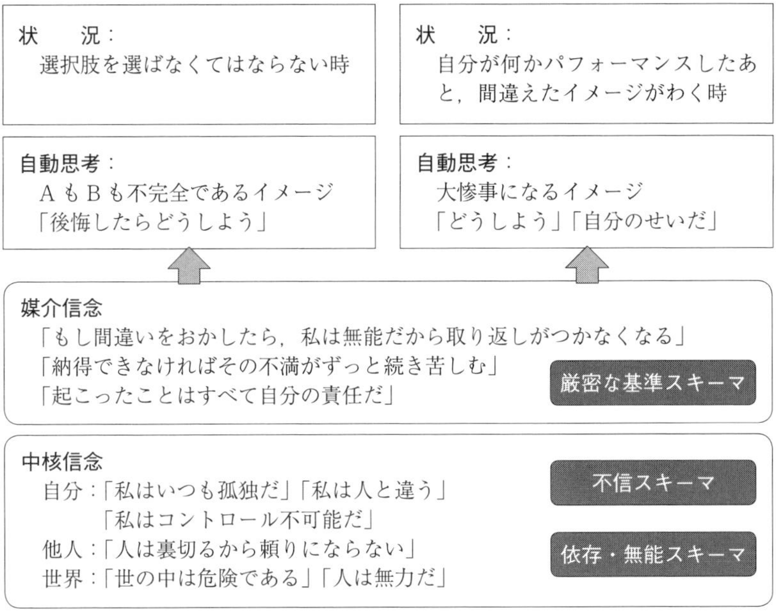

状　況： 　選択肢を選ばなくてはならない時	状　況： 　自分が何かパフォーマンスしたあと，間違えたイメージがわく時
自動思考： 　AもBも不完全であるイメージ 　「後悔したらどうしよう」	自動思考： 　大惨事になるイメージ 　「どうしよう」「自分のせいだ」

媒介信念
　「もし間違いをおかしたら，私は無能だから取り返しがつかなくなる」
　「納得できなければその不満がずっと続き苦しむ」　　　　　　　　　　厳密な基準スキーマ
　「起こったことはすべて自分の責任だ」

中核信念
　自分：「私はいつも孤独だ」「私は人と違う」　　　　　　不信スキーマ
　　　　「私はコントロール不可能だ」
　他人：「人は裏切るから頼りにならない」　　　　　　　依存・無能スキーマ
　世界：「世の中は危険である」「人は無力だ」

図3　スキーマ分析

までの治療関係の深化があったと考えられる。つまり，面接内で起こるクライエントの反応に対して「協同で作った構造」に沿った双方に納得できる対応をし，さらに比較的早期からスキーマの心理教育をしてスキーマを外在化して相互に確認できていたこと，また，治療構造の取り決めも外在化（問題になりやすいことを紙に書き出し共有する，など）を意識して行ったことも，治療関係の安定性の構築とスキーマ療法としての展開に寄与したと考えられる。

2. 事例2：傾聴と転移への対応が展開に関わった事例（巣黒慎太郎）

［概　　要］
30代，女性。無職。両親と同居。
　主　訴：自分は「おかしい人間」と思い死にたくなる。
　既往歴：高校中退後，自宅にこもりがち。X－7年，自宅近くの医院で統合失調症の診断と薬物療法を受けた。「将来を考えると不安で死にたくなる」と同年に任意入院し，X－5年から1年間には自殺企図にてA精神科に入院した。その間はカウンセリングを受けていた。同院でアスペルガー障害（以下AS）診断に変更されたが，セカンドオピニオンを求めX－1年Bクリニックに転院し，AS疑いおよびパーソナリティ障害との診断を受けている。薬物療法だけでは主訴症状がおさまらないため，X年6月，認知行動療法（以下CBT）を希望して来談した。
　経過の要約：本事例は（1）セルフモニタリングシートを通しての自己表現と関係形成，（2）治療関係を通してのスキーマ変容，（3）陽性転移に伴う治療関係の危機と修復，という経過から社会復帰への関心が育ち，最終的に（4）現実的な課題志向の治療関係が展開したと考えられる。

［経　　過］
　（1）セッションでは両親やこれまでの医療者に対して「私には理解してくれる人がいなかった」，「人に合わせてしまい何も言えなかった」，「自分の意見をもっていた記憶がない」と訴えることが続く。これまでは人並みの社会生活ではなかったと，悲嘆や怒りを表しながら，時に涙も浮かべることもあった。その中で「こうやって言葉にする機会がなかった」と，他者に気持ちを共有してもらう体験や安心感が不足していることが示唆されたので，セラピストは傾聴

に努めながらホームワークとしてモニタリングシート（状況・思考・感情・対処行動）に書き出して表現することを提案した。クライエントは「他人に拒否されずに話すことがどういうものか知りたい」と提案を受け入れた。

　しかし，やがて他者との心的距離が近づくことへの戸惑いも示し始めた。たとえば，就労に向けて「双方向の会話」スキルの習得も援助方針の一つになったのでロールプレイを行ったが，その中で「人間が生々しく気持ち悪い」「自分が壊れてしまいそう」と不全感を訴えた。また，コミュニケーションや固執にASを思わせる特徴が認められたので，クライエントの主訴はASの二次障害（被害念慮，自己評価の極端な低下，将来への悲観）と捉えられる可能性を伝えたところ，クライエントは「ASからでなく親が理解してくれなかったのでこうなった」と主張した。このように他者による受容を希求する一方で他者に拒絶される懸念も強い葛藤状態が感じられた。拒絶への懸念について，周囲の話し声を自分への嘲笑と解釈して混乱することが多いので，心理教育などの介入を試みた。しかし，「嘲笑されているとしか思えない」と困惑し，認知再構成については「母親の方がおかしいのに自分が変わらなきゃいけないのか」という怒りを示した。

　そこで，セラピストは心理教育や技法による介入は保留して，シートに表現されたエピソードを傾聴し，クライエントの主観的体験世界を受容するよう努めた。すると，当初「頭を柱に打ちつける」「目の前にあった水をかぶった」「親に泣きわめく」など荒立っていた行動が，次第に「頭の中がごちゃごちゃしたので書いて整理した」「書いて寝た」と落ち着きを見せるようになっていった。感情的に混乱した時に思考や感情をシートに書き記し外在化することで収まりをつけ，書くことが対処行動として役割を果たすようになった。

　(2) また，「"自分の世界"に入って，現実から離れてしまう」と，陰性感情を伴う過去のエピソードを想起して，「自分は普通じゃない，死んだ方がいい」との思考に至ることが多かった。感情の先行刺激が「目前の現実」「過去の記憶」いずれかを判別して観察記録してもらい，思考の連鎖の道筋をシート上で共有したところ同意し始めた。セラピストはシートの枠幅などをクライエントの希望で変更するなど同意に対する返報を行った。また，「好きな髪形にして母親に見せにいったら，無反応だった」「母に聞かれて好きな男子の名前を言ったら，

ケラケラ笑われた」「父にふざけて抱きつこうとしたら，払い除けられた」など小学生時の体験から，「自分の意見や欲求はもってはいけない」「人を好きになってはいけない」，「人を信用してはいけない」と信じ込むようになったと語る。セラピストは概念図化して自己抑制や服従のスキーマから迫害的な不信や怒りが生じる過程を示したところ，同意してクライエント自身の自己理解を深めていった。自己に関するスキーマが少しずつ再構成されたようで，来談1年弱で「自分がおかしいと感じずに，やりたいことをできている」「私の中の『自分の普通』をもてるようになってきた」と述べ，"私はおかしい"の確信度が100％から20％と変化した。そして，「受付の人が笑っているのは，私にカウンセリングをやめさせようとしている。先生も受付にそう指示しているんじゃないか」など，セッション中のセラピストの反応に対する被害的解釈をその場でともに検証したり，セラピストの笑顔の意図を自己開示して受け取り方のズレを確認できるようになっていった。

　(3) 面接の約1年目に，「先生の空想にふけるのに依存している，私は陽性転移を起こしている，カウンセリングをやめようか迷う」とのシート記載をセラピストがアジェンダとして取り上げた。自分の感情や欲求はもってはいけないと信じるクライエントにとって，他者への肯定的感情をもち伝えることの意義を話し合いその感情を承認すると，後のセッションでクライエントは「転移を話題として扱われない，受け止めてもらえない，撥ね退けられる」と予想していたが「扱ってもらえているという安心」を語った。そして，自分らしく話せるのは非日常のカウンセリングだけで「寂しい」，「皆と一緒に楽しみたい」と，これまで恐れ閉ざしていた対人交流を求める心境を表すようになった。

　その後，作業所見学や趣味的活動で社会参加に向けて動き出す中，来談1年半で「セラピストを異性として好きでも叶わないので寂しい」他，受付スタッフへの被害念慮，面接室外の雑音などを理由に，担当を女性セラピストに交代してほしいとの申し出があった。苦悩に共感しつつ，女性セラピストへのリファーも含め対応できる選択肢を話し合い，雑音の少ない別の面接室に移し担当を継続することになった。

　(4) クライエントにとってのセラピーの目標を再確認し「対人関係がもう少し楽にできるようになりたい」という目標に沿って話し合った。受付への被害

念慮は社会的認知の問題（心の理論，結論への飛躍）と考えられたため，被害妄想的体験を図式化して振り返り，自分が知っていることを他者も把握しているという混同や，わずかな手掛かりから憶測を働かせてしまう対人認知パターンを確かめた。そこで，Meta Cognitive Training（以下，MCT）を提案し「心の理論」「原因帰属」の課題に取り組んだところ，「もっとやってみたい」と意欲を見せた。日常では，自身の対人関係上の特徴，困難などを文章化しまとめたものを訓練支援者に説明し，定期的に職業訓練に通うようになった。感情面，行動面ともに不安定さは依然としてあるものの，いずれクライエントの得意分野に関する学校に通うという希望を語るようにもなった。

[治療関係の経過と考察]

（1）では対人関係への強い葛藤がセッション中にも表れていたが，シートという媒介が適度な距離感を作って自己表現を促進したと言えるだろう。また，セッション中に直接表現できなかった心境もシートで表現し，次のセッションで扱うことで，セッションが「撥ね退けられず自分を出せる」場になりセラピストとの関係の形成を促進することになったと思われる。

（2）では要望を受け入れ応える他者としてセラピストが振舞い，主観を語る場，共感的に応答する対象を戦略として提供して，「共感の剥奪」「服従」スキーマ（Young, 1990）の変容を図った。また，このクライエントは「嘲笑されるので自分らしい感情はもってはいけない，表に出してはいけない」という被害感を帯びた感情抑制スキーマももっていたと思われる。そこで，主体的欲求・感情をもつことを自身で認められる支援を心がけた。具体的には「転移感情」に対する「抱いてはいけない感情」という認識を他者へ向けるごく自然な感情，すなわち「安心や信頼の醸成の証」としてノーマライズし，積極的に承認したことで，「感情の表出と受容される体験」となることを図った。結果として「人を愛せた」と自己受容し対人希求の欲求を自覚するようになったので，感情抑制スキーマの働きを軽減できたと考えられる。

（3）では転移感情を持て余す負担から治療関係の危機（セラピスト変更の希望）を迎えたが，被害妄想的認知を修正するのでなく，妄想的認知を賦活させるトリガー（受付）から距離を置く（別室に変更する）ことで，刺激統制を図りセッションの場の安全性を高めるよう図った。Safranら（2001）は破綻し

かけた治療同盟について目標・課題・絆の観点から修復の手立てを検討しているが，本例でも面接目標を再確認・明確化することで，再度カウンセリングへ動機づけるのみならず，自我親和的で客観視が難しかった猜疑的な対人コミュニケーション上の問題点をより客観視するに至った。

（4）ではMCTのように練習課題にともに取り組む技法を介在させることで，情緒的に濃密な二者関係を課題に対する同盟という三者関係へと変えることになった。クライエントのセルフコントロールを協同的に援助するガイド的なセラピストの役割が明確になったと考えられる。また，明確な目標に向けて明確な課題・手続きが見えていることは，自らの生きづらさを克服するために前進しているという自覚とセラピーへの期待を高め，主体的参加をより動機づけたと考えられる。

3．事例3：威圧的で不安になりやすい事例の見立てと配慮（杉山崇）

［概　　要］
30代，男性。独身。大学院生。

　主　訴：プレゼンテーション中の赤面と発汗。自己診断で社交不安障害（SAD）と訴える。

　現病歴とインテークの様子：大卒後，高度な専門性を要する職種として企業に勤務するが，「使われる自分が嫌だった」ことからステップアップ（研究者／指導者）を目指して大学院に。症状は研究指導ゼミナールで研究成果のプレゼンテーション中に発症。困惑しながらも自分の症状をwebで調べ来談。カウンセリングの経験があるが「家族関係を勝手に解釈されて不愉快。家族の問題を考える必要はない。認知行動療法は過去に触れないと聞いた。この症状さえ取れればいい」とセラピストを睨みつける。

　経過の要約：パーソナリティの問題が治療関係やセラピーの展開に大きく関与することが予想されたため，全般的にクライエント中心療法の治療関係が保たれるように配慮しながら，まずは（1-1）主訴のアセスメントと（1-2）クライエントが心地よく参加できる治療関係の模索を並行した。次に（2）目標検討を通じた自己観の矛盾（self-discrepancy）理解の支援，（3）発症場面への洞察の支援，（4）困難へのチャレンジの支援，と展開した。

[経　　過]

　(1-1, 2) ではインテークで「あなたに最適なやり方を考えたいので」と断った上で，パーソナリティのアセスメントに関わるエピソードの質問をいくつか行った。その結果，Millon（1990；杉山，2005b）のモデルでは自己へのこだわりと能動的な行動傾向から威力的（forceful）パーソナリティ・スタイル（満足を強引にでも求める傾向），Cloninger（1997）のモデルでは新奇性追求と損害回避がともに高め，報酬依存は中程度と考えることができた。これは境界性と反社会性パーソナリティの中間的な傾向（思い通りにならない場面の葛藤が高く，他責的・威圧的）があることを示唆している。また，学生という将来が不安定な立場からメランコリックになる可能性も考えられる。以上のことから，威力的，威圧的な一方で不安になりやすい面を刺激しないように，本人の意向や動機づけを最優先する一方で，心理教育や再保証では"下から"な態度を心がけ，本人がセラピーを主導していると感じられるセッション運営を配慮した。たとえば，SAD の認知モデルの心理教育から本人が何か連想して話したい場合は自由に話してもらい，傾聴と下からの再保証（たとえば，「さすがですね！」など）に努めた。そのため，心理教育は共同して考えるために必要最小限になったと思われる。

　また，心理教育，傾聴と並行して傾聴内容を 3 つのカラム，7 つのカラム，マルチモーダルトラッキング記録，などに落とし込むかたちで認知行動アセスメントも兼ねる工夫を行った。具体的には一種の関与観察として，本人が語りセラピストが傾聴と再保証（関与）をしている間にセラピストは並行して想像上のアセスメントシートに内容を落とし込む認知的な作業（観察）を行っていた。本人が話す勢いが弱まったタイミングで，「大切なお話なので，いろいろと考えてみたのですが……」と切り出して，シートに書き落として提示し「このように書いてみてはいかがでしょうか」と本人の評価を仰ぎ，再びそこに関連した話を進めてもらうという展開を繰り返した。

　このような数回のセッションを経て，症状の発火と繰り返し・増強を説明するモデルを作成し，本人用の新しいワークシートを作成して症状の発生機序の外在化と共有を行った。発火のメカニズムについて，発火状況で強い恐怖と苛立ちを感じていることが明らかになった。苛立ちに関連する自動思考はこの時

点では思いつかなかったが（(2)で明らかになる），恐怖と関連する自動思考（教授からの評価が下がる）を考えている中で「もっと深い不安がある」と語る。セラピストがその内容を尋ねると「話す必要はありますか？ できれば話したくない」と述べたので，話したくない気持ちを再保証したところ「以前，勤務先のカウンセリングで話してしまって，勝手なことを言われて不愉快な思いをした。不愉快であることを伝えたら，さらに勝手なことを言われて嫌になった」と腹立たしげに語り始めた。本人の苛立ちを再保証しながら，ご一緒に考える参考になるかもしれないので気が向いたら話してほしいと伝えた。

(2)では本人のセラピーでの目標を質問すると理想自己の話になる。「社会的にも強い立場で人が頼ってくる」，「自信があって落ち着いている」，「周囲から尊敬されて，実力も伴っている。いい意味での支配者」を目指しているとなかば嬉しそうな，なかば苛立っているような複雑な表情で語る。実現の可能性については「今の環境で社会的に上り詰めれば90％はそうなれると思う。ただ，この症状で教授や同輩に顰蹙を買うと，小心者と思われて評価や尊敬を受けられない」と語る。その一方で「意図的に小心者と見せていることもある」とも述べるので損益比較を導入したところ，「(そう見せることで) 良い人と思われて受け入れられやすくなる，陰口を言われにくい」というメリットを語る。なりたくない自分については「些細なことで苛立つ人」と述べる一方で，「子どもの頃は家庭・親族内で小心者でバカにされていた。それが嫌だった。今は力関係が変わって家庭・親族内ではすぐに苛立つ人になってしまう。後で振り返るといやな気持ちになる」と語る。

セラピストが複雑な家庭の状況を慮る気持ちを伝えると，親身に聴くなら家庭や親族のことを話してもよいと述べ，そのことが発火状況の苛立ちや恐怖とも関連していると言う。セラピストが懸命に聴く約束をしたところ，支配力を誇示し合う親族の雰囲気の中で生活資源（家屋や財産）や自尊心が脅かされて怒りや恐怖とともにあった複雑な子ども時代の葛藤と，その中で「社会的な強さ・実力があればと思っていた」ことを語る。発火時点で感じる苛立ちは自分を馬鹿にしてきた家族・親族への苛立ちに近いと言う。

(3)では(2)で話した内容をもとに，発火場面の理解を深める作業を行ったところ，発火場面で理想自己として教授や同輩に見られようとしている自分，

同時に小心者と見られて馬鹿にされている気がして苛立つ自分に気づく。そして，今の自分がおかれている立場としては理想自己として周囲から受け入れられていないこと，そして「苛立つ人」や「赤面・発汗する人」よりは「小心者」の方が今は周囲から受け入れられやすいことを確認した。発症場面で「逆に小心者と思わせよう」と思いながらプレゼンテーションをする実験を，まずはイメージで，次に実際の場面で実験したところ赤面・発汗はほとんどなくなり，恐らく誰にも気づかれないと本人が思える程度に軽減した。

　(4)では発症場面で恐怖と関連する自動思考「教授からの評価が下がる」について話し合ったが，「この恐怖はまさに自分の現実。教授に排除されると研究者として終わり。絶対にステップアップしたいので，この恐怖はつらいが，大事にしたい」と述べ，理想自己に近づくことを諦めたくないと言う。セラピストは本人のチャレンジに精一杯の再保証と応援の気持ちを述べ，終結について話し合った。

[治療関係の経過と考察]
　(1)では「場の主」はクライエント自身であることを示す"下から"な対応がセラピストへの安心感やセラピーへのコミットメントを支えたと思われる。この時期は，たとえば認知療法としては必要な情報であっても本人が話したくなければ，その意思を尊重することを優先した。また，各セッションが認知療法として成立することより，各セッションでクライエントの主導性や自尊心を確認できることを優先し，セラピーの展開全体で認知療法として成立するように配慮した。結果的にセラピーの終盤では嬉しそうに来談するようになった。本人が語りたいことに関心を向け，見せたくないことには関心を向けないという配慮は，治療関係の形成における"動機づけに沿う（前田，2007）"に該当すると思われる。

　また(2)(3)では問題と目標を設定してセラピーをフォーミュレーションする場でもあったが，気持ちよく語っていただくことにも配慮した。特に(2)で幼少期からの葛藤の一部を語ってもらうことで（安心感や自尊心が保たれた状況で想起してもらう），こだわっていた何かが脱感作された体験（修正感情体験：corrective emotional experience: Alexander & French, 1946）もあったのではないかと思わせる場面もあった。(4)では自動思考は不安や恐怖の源で

もあるが，本人は不安や恐怖の軽減よりも「思い通りの理想自己に近づく（＝社会的に強い立場になる）」を大切にしていた。セラピストはこの場面を"困難を乗り越えてお宝を得る英雄"として，必要ならば"孤高の人"を生きたいという願望と理解して，またそれが自分にはできるという効力感をクライエント本人の中に感じ，心から応援するに至った。

4．総合考察

いずれも初期の治療関係の形成が非常に難しく，主訴である症状やクライエントの対人パターンが治療関係にも表れており，また，愛着，発達，パーソナリティの特徴が垣間見える症例であった。そのため，治療同盟の形成こそがセラピーの初期で優先すべきテーマであったと言えるだろう。ここではそれぞれの事例について考察し，認知療法における治療関係について考えてみよう。

1．事例1について

事例1（大島担当）はパーソナリティの問題だけでなく，愛着や発達の問題をも感じさせる複雑な事例であった。特に，インテークでの「セラピストを選ばせてもらいたい」という発言からもわかるように，セラピストに対する不信感や警戒が顕著であり，初めから治療関係構築の難しさを露呈していた。言いかえれば，クライエントはセラピストとの距離感に敏感であるため，最初から不信感を直接的に払拭しようとしたり，二者関係の中でクライエントの不信感がセラピストに向いていることを指摘すると，クライエントにとって近すぎて安心できない距離感となり，治療関係を大きく動揺させることが容易に予想される事例であったと考えられる。

ここでセラピストは担当者の変更可能性も含めて伝え，安心できる距離感からスタートする工夫をしていた。また，治療構造についての話し合いの中で，初めから不安症状について扱うより，まず主訴にまつわるエピソードを聞くことにしたことで，クライエントを安心させた。これは，セラピストとの距離感を気にしつつメインの悩みをいきなりうちあけるのではなく，エピソードを聞くセラピストの様子を観察しながら，セラピストとの距離感を微調節すること

ができるという安全性が展開の一部に寄与しているように感じた。すなわち，アセスメントの一部であるヒアリングという行為は，クライエントにとってみればセラピストを「アセスメント」する機会として機能していたと言えるだろう。

このように，様々な点についてクライエントへのオープンで協働的な態度を一貫させていることは，治療関係に良い影響を及ぼす特筆すべき点であると考えられる。

2．事例 2 について

事例 2（巣黒担当）は AS が疑われる事例である上に，親や医療者から理解してもらえなかったという経験をもつため，事例 1 と同じく対人的な不信感が治療関係の構築に影響を与える事例であった。これは，認知療法が得意とする思考や信念の変容においても大きく影響を受ける要素である。なぜなら，セラピストがクライエントの思考を検討したり，別の思考の可能性に触れることは，不信感を感じやすいクライエントにとっては，クライエント自身の「自然な」思考を否定されているように映るためである。事例 2 においても，思考モニタリングの際，「そうとしか思えない」とか「母親の方がおかしいのに自分が変わらなきゃいけないのか」といった戸惑いや怒りが生じている。思考モニタリングという技法の第一の目的は自動思考の検証を行うことと言えるが，セラピストはそれにこだわらず，この反応を受け止めた上で検証を行わないことにしている。これは，クライエントの体験をそのまま受け止める姿勢をクライエントに示したことを意味しており，安心して思考内容を表出できる適度な距離の治療関係を構築するのに寄与しただろう。同時に，思考のセリフモニタリングは継続しており，それが後に「頭の中がごちゃごちゃした時」の対処行動として結実した。自動思考の検証は難しいとしても，思考モニタリングという枠を示し続けていくことには，本来期待する以外の効果もあると言えるだろう。

こうしたクライエントの体験を受容する取り組みの中で自然に過去の記憶やエピソードの振り返りが行われ，治療関係・体験を通じてのスキーマの変容が試みられた。クライエントのもつスキーマを特定することが，クライエントによりフィットした治療関係や治療目標を形成するのに寄与したと考えられる。中でも，ロールプレイを導入する中でクライエントがセラピストに対する反応

を次のセッションで出すことができるようになった点は，治療関係の深まりを示しているだろう。これは，技法を通して出てきた反応をノーマライズしながら丁寧に扱うことの意義が示されたと言えるだろう。

3. 事例3について

最後の事例3は，主観的であり威圧的な傾向をもつだけでなく，「家族関係を勝手に解釈されて不愉快」といった心理療法への負のイメージをもって現れている。そのため，前セラピストへの反撃とも思えるような反応が現セラピストとの治療関係の中で生じても不思議ではない状況である。セラピストは Millon や Cloninger のパーソナリティ理論の視点から，詳細にクライエントのパーソナリティのアセスメントを行い，それらの変数の組み合わせから，クライエントに心地よい立ち位置を確保できるように配慮している。また，心理教育を多く行わなかった点も，クライエントのもつ支配されたくないという思いにうまく応じていると言える。

認知療法的介入として7つのカラムやクライエント向けに作成したワークシートを使用しているが，事例1と同様にこの取り組みが，セラピストとの関係性に敏感なクライエントにとって「セラピストがどのような人物なのか」をクライエント側からアセスメントする期間を与えるという役割を果たしていると考えられる。こうした取り組みから，理想と現実についての話題に発展したが，「理想と現実」を語る際に，クライエントは「今は理想から程遠い状態であり，現実は厳しいこと」をセラピストの前で受け入れざるを得なかった。クライエントのパーソナリティを考えるとこの話題を話すことに抵抗があったかもしれないが，事例3では比較的自然に話せたように思われる。これは，適度に構造化され安全に反応を出すことを可能にする認知行動療法のツールを使用しつつ，その反応を受容的に受け止め続けるセラピストの存在が寄与していただろう。

また，本事例は，ともすれば対極的な位置に置かれがちなクライエント中心療法的な関わりと認知行動療法とがうまく合流している点が印象的である。そして，もう一つ印象的なのは，「症状さえ取れればいい」と治療初期に言うクライエントが，後半で「根本的な不安」についても言及するようになったことである。後者の「根本的な」問題を最初から扱おうとするのも一つのスタンス

であるが，それを扱うにも良好な治療関係が必要である。きっかけとしての主訴をもって現れるクライエントに対して，認知行動療法の技法を通して症状について丁寧に扱うことで，「根本的な」問題へと話題が転じ得るし，認知療法の技法を通じて治療関係をさらに深めることが可能であることを示す事例であったと言えるだろう。

4. 認知療法とセラピストへの信頼と期待

　3つの事例ともセラピーがクライエントをより良い状態にするという信頼と期待を獲得する中で事例が展開しているが，ここでは信頼と期待の獲得について考えてみよう。

　認知療法では新しい考え方の獲得を目指してもらうが，古い考え方はクライエントの苦悩に関わるものであったとしても長年身近にあった「おなじみ」のものであることが少なくない。生活環境や生育歴の中で強化もされてきただろう。なじみのものには新しいものよりも親しみや信頼を感じる場合がある。事例2の思考モニタリングにおけるクライエントの「そうとしか思えない」と事例3の「教授からの評価が下がる恐怖はつらいが大事にしたい」はこのような古い考え方への親しみや信頼を表していると考えられる。

　認知療法は治療効果の実証研究を重ねて積極的に効果を謳うことも心理療法としての特徴の一つであるが，事例2，事例3は認知療法・認知行動療法を希望して来談しており，来談前からセラピーに対する信頼や期待がある程度は形成されていたと考えられる。特に事例3では以前のカウンセリング体験からセラピストは信頼できないが，認知療法は信じられる，という状態で来談していた。つまり，「効果を謳う効果」として来談前からクライエントは認知療法に信頼や期待を抱くという関係を始めていると言えるだろう。

　セラピーへの期待はLambert（1992）によると期待要因として治療成果の15%を支えているとされている。そこで，効果を謳う効果が見られる場合には，この期待を裏切らずセラピストへの信頼や期待に結びつける工夫と配慮をすることで，古い考え方と同じかそれ以上にセラピストが親しみと信頼を獲得できる可能性があると考えられる。3つの事例ともこのような配慮が行われて，セラピストも提供する技法やツールも古い考え方以上に信頼されたことが望まし

5. 認知療法と治療関係：認知療法の3 step モデル

本稿の3事例を通して，治療関係が認知療法の技法や支援ツールの活用を支え，同時に技法や支援ツールを丁寧に実施することが治療関係を支える，双方向の関係があることが明らかになったと言えるだろう。認知療法の実践と普及活動を行っている精神科医の久保田亮（聖和錦秀会 阪本病院）は，認知療法の展開を3段階で捉える3 step モデルを提案して初心セラピストの指導を行っているが（表1），このモデルによるとクライエントの個性やパーソナリティに応じた人間的な対応を優先して治療関係の形成や維持に努めることをセラピーの「step 0」とし，この段階を丁寧に行うことがセラピーへのクライエントの参加を支えるとした。セラピストとの関係に満足し，認知療法の展開がよりスムーズになれば，クライエントの心理的な負担も軽減すると考えられる。認知療法は技法やツールが目立ちやすいが，技法やツールという一種の異物（神田橋，1990）を使うからこそ治療関係にはいっそうの配慮を心がけたい。

表1 久保田の3 step モデル

作業の目標	方法（技法）	
問題解決を妨げる スキーマの修正	● 心理教育・情報提供 ● 問題解決技法 ● 環境調整・行動実験 ● 暴露・思考中断法など	● Step 2 ↑↓
現実受容	● 直面化 ● 心理教育 ● 同席面接など	● Step 1 ↑↓
安定した陽性の治療関係 空想，欲求，願望， 動機づけの把握	● 傾聴技法 　（受容・共感・承認など） ● 力動精神医学的把握 　（転移・逆転移・解釈）	● Step 0

文　献

1) Ablon, J. S. & Jones, E. E. (1999)：Psychotherapy process in the National Institute of Mental Health Treatment of Depression Collaborative Research Program. *Journal of Consulting and Clinical Psychology* 67, 64-75
2) Ablon, J. S., Levy, R. A. & Katzenstein, T. (2006)：Beyond brand names of psychotherapy: Identifying empirically supported change processes. *Psychotherapy: Theory, Research, Practice, Training* 43, 216-231
3) Alexander, F. G. & French, T. M. (1946)：*Psychoanalytic Therapy: Principles and Applications*. Ronald, New York
4) Alford, B. & Beck, A. T. (1998)：*The Integrative Power of Cognitive Therapy*. Guilford Press, New York
5) 東斉彰 (2011)：統合的観点から見た　認知療法の実践——理論，技法，治療関係. 岩崎学術出版社，東京
6) Beck, A. T., Freeman, A. and Associates (1990)：*Cognitive Therapy of Personality Disorders*. Guilford Press, New York. 井上和臣監訳 (1997)：人格障害の認知療法. 岩崎学術出版社,東京；井上和臣・友竹正人監訳 (2011)：改訂第2版　パーソナリティ障害の認知療法［全訳版］．岩崎学術出版社，東京
7) Bordin, E. S. (1979)：The generalizability of the psychoanalytic concept of the working alliance. *Psychotherapy: Theory, Research & Practice* 16(3), 252-260
8) Castonguay, L. G. & Beutler, L. E. (eds.)(2006)：*Principles of Effective Change that work*. Oxford University Press, New York
9) Chambless, D. L. & Hollon, S. (1998)：Defining empirically supported therapies. *Journal of Consulting and Clinical Psychology* 66, 7-18
10) Chambless, D. L. & Ollendick, T. H. (2001)：Empirically supported psychological interventions: Controversies and evidence. *Annual Review of Psychology* 52, 685-716
11) Cloninger, C. R. (1997)：A psychobiological model of personality and psychopathology. 心身医学 37(2), 91-102
12) Cooper, M. (2008)：*Essential Research Findings in Counselling and Psychotherapy: The Facts are Friendly*. Sage Publications, London. 清水幹夫・末武康弘監訳 (2012)：エビデンスにもとづく　カウンセリング効果の研究——クライアントにとって何が最も役に立つのか. 岩崎学術出版社，東京
13) Dattilio, F. M. & Hanna, M. A. (2012)：Collaboration in cognitive-behavioral thera-

py. *Journal of Clinical Psychology* 68(2), 146-158
14) Dunbar, R. I. M. (1998) : The social brain hypothesis. *Evolutionary Anthropology* 6(5), 178-190
15) Elliott, R., Bohart, A. C., Watson, J. C. & Greenberg, L. S. (2011) : Empathy. *Psychotherapy* 48(1), 43-49
16) Gilbert, P. (1992) : *Depression: The Evolution of Powerlessness*. Guilford Press, New York
17) Gilbert, P. (2007) : Evolved minds and compassion in the therapeutic relationship. In: P. Gilbert & R. L. Leahy (eds.) *The Therapeutic Relationship in the Cognitive Behavioural Therapies*. Routledge-Brunner, London
18) Gilbert, P. & Leahy, R. L. (2007) : Introduction and overview: Basic issues in the therapeutic relationship. In: P. Gilbert & R. L. Leahy (eds.) *The Therapeutic Relationship in the Cognitive Behavioural Therapies*. Routledge-Brunner, London
19) Holtforth, M. G. & Castonguay, L. G. (2005) : Relationship and techniques in cognitive-behavioral therapy―A motivational approach. *Psychotherapy* 42(4), 443-455
20) 神田橋條治 (1990) : 精神療法面接のコツ. 岩崎学術出版社, 東京
21) Lambert, M. J. (1992) : Implications of outcome research for psychotherapy integration. In: J. C. Norcross & M. R. Goldfried (eds.) *Handbook of Psychotherapy Integration*. Basic Books, New York
22) Layden, M. A., Newman, C. F., Freeman, A. & Morse, S. B. (1993) : *Cognitive Therapy of Borderline Personality Disorder*. Allyn and Bacon, Boston
23) Leahy, R. L. (2001) : *Overcoming Resistance in Cognitive Therapy*. Guilford Press, New York
24) Leahy, R. L. (2007) : Schematic mismatch in the therapeutic relationship: A social-cognitive model. In: P. Gilbert & R. L. Leahy (eds.) *The Therapeutic Relationship in the Cognitive Behavioural Therapies*. Routledge-Brunner, London
25) Leahy, R. L. (2008) : The therapeutic relationship in cognitive-behavioral therapy. *Behavioural and Cognitive Psychotherapy* 36, 769-777
26) Leary, M. R. (2001) : Toward a conceptualization of interpersonal rejection. In: M. R. Leary (ed.) *Interpersonal Rejection*. Oxford University Press, New York
27) Leary, M. R. & Downs, D. L. (1995) : Interpersonal functions of the self-esteem motive: The self-esteem system as a sociometer. In: M. H. Kernis (ed.) *Efficacy, Agency, and Self-Esteem*. Plenum Press, New York
28) Lefcourt, H. M. (1976) : *Locus of Control: Current Trends in Theory and Re-*

search. Lawrence Erlbaum Associates, New Jersey

29) Luborsky, L., Singer, B. & Luborsky, L. (1975)：Comparative studies of psychotherapies: Is it true that "everyone has won and all must have prizes?" *Archives of General Psychiatry* 32, 995-1008
30) 前田泰宏（2007）：共通要因アプローチ．杉山崇・前田泰宏・坂本真士編　これからの心理臨床——基礎心理学と統合・折衷的心理療法のコラボレーション．ナカニシヤ出版，京都
31) Millon, T. (1990)：*Toward a New Personology: An Evolutionary Model*. John Wiley & Sons, New York
32) Miranda, R. & Andersen, S. M. (2007)：The therapeutic relationship: Implications from social cognition and transference. In：P. Gilbert & R. L. Leahy (eds.) *The Therapeutic Relationship in the Cognitive Behavioural Therapies*. Routledge-Brunner, London
33) Nathan, P. E. & Gorman, J. M. (2002)：*A Guide to Treatments that work* (2nd ed.). Oxford University Press, London
34) Newman, C. F. (2007)：The therapeutic relationship in cognitive therapy with difficult to engage clients. In：P. Gilbert & R. L. Leahy (eds.) *The Therapeutic Relationship in the Cognitive Behavioural Therapies*. Routledge-Brunner, London
35) Norcross, J. C. (2002)：Empirically supported therapy relationships. In：J. C. Norcross (ed.) *Psychotherapy Relationships that work: Therapist Contributions and Responsiveness to Patients*. Oxford, London
36) Norcross, J. C., Michael, J. & Lambert, M. J. (2011)：Evidence-based therapy relationships. *Psychotherapy* 48(1), 1-4
37) Norcross, J. C. & Wampold, B. E. (2011)：Evidence-based therapy relationships: Research conclusions and clinical practices. *Psychotherapy* 48, 98-102
38) Rogers, C. R. (1957)：The necessary and sufficient conditions of therapeutic personality change. *Journal of Consultative Psychology* 21, 95-103
39) Safran, J. D., Muran, J. C., Samstag, L. W. & Stevens, C. (2001)：Repairing therapeutic alliance ruptures. *Psychotherapy* 38, 406-412
40) 杉山崇（2005a）：抑うつと対人関係．坂本真士・丹野義彦・大野裕編　抑うつの臨床心理学．東京大学出版会，東京
41) 杉山崇（2005b）：パーソナリティ・スタイルのエピソードベイスドアセスメントと受容感志向の心理療法の見立て：気分不調に由来する悲観的強迫観念への介入事例から．長野大学紀要 26(4)，445-454

42) Sugiyama, T. (2008)：Assessments of depressive-process and personality for cognitive behavior therapy: Theory and practice of client-centered cognitive behavior therapy. In: T. P. S. Oei & C. S. K. Tang (eds.) *Current Research and Practices on Cognitive Behavior Therapy in Asia.* University of Queenland, Australia
43) 杉山崇 (2010)：心理臨床の社会的役割と心理学との関係性について――精神分析・精神医学の受容と基礎医学に相当する基礎臨床心理学の構築に向けて．人文研究 170，23-42
44) 杉山崇 (2011)：強迫症状から重度の抑うつ，抑制のきかない憤懣に症状が変遷した男性が「自分」を回復した過程．伊藤絵美・杉山崇・坂本真士編 事例でわかる心理学のうまい活かし方――基礎心理学の臨床的ふだん使い．金剛出版，東京
45) 杉山崇・坂本真士・伊藤絵美(2010)：これからの心理臨床――研究と臨床のコラボレーション．坂本真士・杉山崇・伊藤絵美編 臨床に活かす基礎心理学．東京大学出版会，東京
46) Tamir, D. I. & Mitchell, J. P. (2012)：Disclosing information about the self is intrinsically rewarding. *Proceedings of the National Academy of Science* 109 (24)，8038-8043
47) Vyskocilva, J., Prasko, J. & Slepecky, M. (2011)：Empathy in cognitive behavioral therapy and supervision. *Activitas Nervosa Superior Rediviva* 53 (2)，72-83
48) Wampold, B. E. (2001)：*The Great Psychotherapy Debate: Models, Methods, and Findings.* Erlbaum, Mahwah
49) Wright, J. H. & Davis, D. (1994)：The therapeutic relationship in cognitive-behavioral therapy: Patient perceptions and therapist responses. *Cognitive and Behavioral Practice* 1，25-45
50) Young, J. E. (1990)：*Cognitive Therapy for Personality Disorders: A Schema-Focused Approach.* Professional Resource Exchange, Sarasota. 福井至／貝谷久宣／不安・抑うつ臨床研究会監訳 (2009)：パーソナリティ障害の認知療法――スキーマ・フォーカスト・アプローチ．金剛出版，東京

第7章 感情調節困難の認知行動療法
―― 日本でのBPDなどの支援の可能性

遊佐安一郎
坂野　雄二・伊藤　絵美・井上　和臣・熊野　宏昭

1. はじめに[注1)]

1. 感情調節困難について

認知行動療法は従来，うつ，不安，強迫など診断された単症状をターゲットにして開発され，洗練され，実証データを蓄積することを通して，臨床現場でメジャーな立場を発展させてきた。しかし，実際の臨床では，複数の症状を併発している患者，クライエント[注2)]が多い。最近，D. Barlow らはうつ，不安など複数の症状にターゲットを当てた「診断横断的（Trans-diagnostic Approach）」を提唱している。また，J. Gross らは感情調節という観点から，統合的包括的な臨床アプローチを提案している。

その中で弁証法的行動療法の創始者のM. Linehan は境界性パーソナリティ障害の中核的問題を広範な（pervasive）感情調節機能不全だと説明している（1993）。複数の感情の調節に問題があるために，従来の単症状にターゲットを当てた認知行動療法では，ターゲットを当てた症状に対する治療的介入自体が刺激になって，他の感情の調節が困難になり，治療の進展どころか逆に症状の

注1) 本章は，第11回日本認知療法学会「大会企画シンポジウム1　感情調節困難のための認知行動療法の日本での可能性：境界性パーソナリティ障害に焦点をあてて」，および『認知療法研究』第5巻1号 (2012) 1-10に加筆修正したものである。

注2) 臨床場面によって，患者，クライエントなど異なる呼称が使われるが，本稿では支援の対象者として，それらを同義なものとして呼称を使う。

増悪につながる可能性もある。そのために，境界性パーソナリティ障害は治療が困難な重症患者だと考えられる。

スキーマ療法の創始者である J. Young は，従来の認知行動療法には次のような前提があると考えている（2003）：

・患者は治療手続きを自主的に遵守する。
・患者は短期間の訓練で，自身の認知や感情にアクセスして報告できるようになる。
・患者はさまざまな認知行動的な技法・練習を通し認知や行動を自ら修正できるようになる。
・最初の数回のセッションを通して，治療共同関係を結ぶことができる。
・患者は治療目標を比較的容易に同定できる。

しかし，パーソナリティ障害圏，特に境界性パーソナリティ障害の患者は上記の前提に適合しない患者層であるために，従来の認知行動療法では不十分であると考え，それに対応するために「スキーマ療法」を発展させる必要があったとしている。

境界性パーソナリティ障害は，感情調節が過度に困難なために，従来の認知行動療法では，効果が限られてしまい，さらに感情調節の困難さは衝動的行動，そして治療関係を含む対人関係に困難を生じることが多いので，治療困難例の代表のひとつであると考えられる。同時に，弁証法的行動療法，そしてスキーマ療法のように，境界性パーソナリティ障害の治療効果が実証されている認知行動療法が発展してきている現在，境界性パーソナリティ障害の認知行動療法に焦点を当てることは，感情調節の問題を含む「治療困難ケース」の認知行動療法の理解と日本での発展に寄与する可能性が考えられる。

2. 感情調節困難のための認知行動療法

境界性パーソナリティ障害はその治療の困難さから，認知行動療法的治療アプローチの発展も出遅れた感があったが，最近の欧米では弁証法的行動療法，スキーマ療法など，科学的エビデンスを伴う治療法の発展が見られる。両者と

も，包括的統合的アプローチという特徴を有し，境界性パーソナリティ障害のみならず，ほかの感情調節困難への応用も行われており，診断横断的アプローチとしての特徴ももっていると考えられる。

欧米ではパーソナリティ障害圏の患者，特に境界性パーソナリティ障害のための治療法，そして実践が急速に発展してきているが，残念ながら，本邦では，まだその発展は始まりかけているという程度のものだと思われる。弁証法的行動療法やスキーマ療法などの，包括的・統合的で患者のニーズに応えるために広範かつ特化した技術が必要であり，さらに多大な経済的，人的資源を必要とする治療法の実践は，日本の医療経済では困難であるということも，その理由として考えられる。また，どちらの治療法も，集中的訓練を必要とするために，そのような機会が限られている日本の臨床家が訓練を受けて，実践に生かすことが困難であることもその理由として挙げられよう。

そのような背景から，日本で，弁証法的行動療法，スキーマ療法のような，感情調節困難のために効果があると考えられる認知行動療法の発展普及の可能性を検討することは，日本での認知行動療法の発展のために重要だと考えられる。そのために，筆者の一人（坂野）が弁証法的行動療法を（参考にした），そしてもう一人（伊藤）がスキーマ療法の（影響を受けた）日本での実践例を提示し，それを刺激にして，共同筆者（井上，熊野，遊佐）が意見を交換することを通して，日本での感情調節困難のための包括的統合的認知行動療法の発展の可能性を検討する。

2. 弁証法的行動療法

1. 弁証法的行動療法とは

弁証法的行動療法（Dialectical Behavior Therapy: DBT）は M. Linehan によって開発された，境界性パーソナリティ障害（Borderline Personality Disorder: BPD）など，感情調節機能不全を基調としたさまざまな障害の治療法として，多くの科学的エビデンスによって，その効果が高く評価されている認知行動療法である。

Linehan（1993）は自殺企図，自傷行為の激しい BPD の患者の基調となる

問題を感情調節の機能不全と捉えて，治療システムを構築した。基本的には，行動療法のノウハウを活用して感情調節のスキルを患者が身につけることで，症状の改善を図る。しかし，感情調節が困難なために，治療を受け入れることに関する困難が生じたり，治療に付随するさまざまな状況に対して感情的に反応してしまうことで，治療が困難になることが多い。さらに，治療外，すなわち日常生活の中でも頻繁に起きる感情調節が困難になる状況に対しても，周囲から衝動的で理解困難または不適切と思われるような行動化をしてしまう結果，感情調節がさらに困難になり，治療中断または治療が著しく後退してしまうリスクがある。それに対処するために，弁証法的戦略，承認戦略，問題解決戦略，生物社会理論などの概念的原則（principles）と，マニュアルを含め手続きが明確化された具体的な治療形態，そしてマインドフルネス・スキル，行動連鎖分析といった最新の認知行動療法的技法などさまざまな工夫を治療システムに組み込んでいる。

(1) 生物社会理論

Linehan は境界性パーソナリティ障害の基軸となる感情調節機能不全を理解するために生物社会理論を展開している。生物学的に感情調節が困難になりやすい傾向のある個人が，社会的環境から非承認される経験を繰り返すことで，すべてとまではいかなくとも，多くの感情の調節が困難（広範的感情調節困難）になってしまうという考え方である。

生物学的傾向とは遺伝や胎児期での外傷，そして生誕後のトラウマ（外傷体験）などによって，感情を喚起させるような刺激に対しての反応の頻度，強度，持続度が高いということである。そのような特徴をもつ個人が，苦痛な感情体験に対して，引きこもり，感情失禁，物や人に当たる，自傷など，さまざまな対処策をとるが，それに対して他者，特に親などのケアをする者から，「非承認（invalidation）」，すなわち「そのような反応は理にかなっていない，理解，受容できないというメッセージ」が返ってくることが多い。そのようなメッセージは感情的に傷つきやすい者にとっては，なおいっそう苦痛を伴う感情反応を起こす刺激となる。そのような相互関係を繰り返すことにより，患者自身が自分を非承認するようになってしまい，なおいっそう，感情的傷つきやすさが強

化される。

(2) 承認：DBT の核となる戦略 (1)

このような理解から，治療者のとるべき「核となる」アプローチのひとつは承認（validation）である。承認は「患者の反応は，理にかなっており，患者の現在の生活の文脈と状況では理解可能であると伝えること」であり，治療者はそのために「患者の出来事への反応に内在する妥当性を探し，認識し，言及する必要がある」とされる。

また Fruzetti 等（2007）が推奨している DBT 家族スキル訓練では，家族が承認を理解し，承認的環境を作れるように支援している。

治療者も家族も，患者の強烈な感情反応性を理解できないと，戸惑い，困惑し，試みる対応が患者には非承認と経験され，さらなる感情反応を喚起するような経験となってしまう。患者との関係で，治療者，そして家族も非承認の体験をすることが多いと考えられる。そのために DBT の必須とされる治療形態に治療チームのコンサルテーション・スーパービジョンが組み込まれており，そこで治療関係者の力量を上げることに加えて相互に承認をすることの重要性を強調している。また Fruzetti 等も家族のプログラムにおいて，患者に対する承認のみでなく，参加者相互の承認の重要性も提言している。

表1　包括的治療としての DBT の機能と治療形態

DBT の機能	DBT の治療形態
・患者の能力を高める	・スキル訓練 　24週1セットのスキル訓練グループ
・モチベーションを高める	・個人療法 　DBT セラピストによる認知行動的介入
・般化を確実にする	・スキル・コーチング 　24時間利用可能な電話相談
・治療者のやる気とスキル向上	・治療チームのスーパービジョン・コンサルテーション
・環境を構造化する	・ケースマネジメント 　治療チーム，家族・友人，他の治療関係者等

(3) 問題解決：DBT の核となる戦略 (2)

境界性パーソナリティ障害の患者の中核的な問題が感情調節の困難だということは，患者が感情調節のスキルを身につけることで，その困難を改善する可能性がある。患者が感情調節困難を含む問題を解決することができるようになるための戦略を，DBT では問題解決戦略と呼び，承認戦略と対をなす核となる戦略だと考えている。DBT は複雑で対処困難な患者のニーズに対処するために包括的な治療システムとして発展してきた。それを整理するために，5つの主要な治療機能と，それに対応する治療形態を提示している（表1）。

(4) スキル訓練：問題解決戦略の中心的治療形態

スキル訓練は，おそらく外部から見ると，DBT の最も特徴的で見えやすい治療的戦略のひとつであると思われる。Linehan は DSM-IV の BPD の9つの診断範疇を，感情（情動）の制御不全，対人関係の制御不全，行動の制御不全，認知的機能不全，そして自己の機能不全という調節機能不全に再編した。そしてそれらの制御不全を改善するための対応策として，感情調節のスキル，対人関係のスキル，辛さに耐えるスキル，そしてマインドフルネス・スキルの4つのスキル群に分けて，毎週2時間前後のグループで，それらのスキルを学習できるプログラムを構築した。

マインドフルネス・スキルは DBT 独特のスキルであり，自分の体験をあるがままに体験し観察するスキルである。非承認の体験，そして強い感情を体験するときにマインドフルに自分の経験を認識できることはほかのスキルを効果的に活用するためにも重要である。感情調節モジュールでは，自分の感情に気づき，（怒り，悲しみなどの）名前をつけ，出来事とその解釈と感情と身体反応と行動との関係を理解するスキル，そしてポジティブな感情を育てるためのスキルなどを学ぶ。対人関係モジュールでは，対人関係で自分の求めるものを得るスキル（相手にお願い事をする，相手から要求された嫌なことを断るなど）と対人関係を壊さないで継続するスキルと，そこで自分の自尊心を大切にするスキルのバランスをとることを学ぶ。そして，辛さに耐えるモジュールでは，感情的に辛くなったときに自傷や怒りの爆発など，衝動的な行動をとることで，非承認を強化してしまうことを避けるために，衝動的な行動ではなく，承認に

結びつくような代替行動をとれるようになるためのスキルを学習する。

(5) DBTの治療効果

　DBTの臨床効果をメタアナリシスした坂野ほか（2005）によると，治療開始後6カ月，12カ月の時点においてDBTは，従来の治療法（TAU）に比べ，自殺行動の減少改善（d = .92），自殺念慮の減少（d = 1.45），入院日数の減少（d = 1.18），抑うつの緩和（d = 1.12），不安の減少（d = .85），怒りの減少（d = .83），解離の減少（d = .78），社会的適応の改善（d = 1.23）という点において有意に良好な変化が見られている。また，BPDの診断基準項目のうち，統制群に比べ有意な治療効果が見られた指標としては，自殺行動，感情不安定性，不適切な怒り，解離症状，不安定な対人関係様式という点には有意な治療効果をもつものの，見捨てられることを避けようとする努力，同一性障害，自己を傷つける可能性のある衝動性，慢性的空虚感という点には有意な効果をもっていないことを坂野ほか（2005）は示している。感情調節困難という点から見ると，感情不安定性，不適切な怒り，不安定で激しい対人関係様式という点でDBTには一定の改善効果があるものと考えられる。

2. 弁証法的行動療法の考えをもとにした患者指導と家族指導 （坂野雄二）

(1) はじめに

　DBTは，一般的には外来治療をベースとして週1回1時間の個人セッションを1年間，集団のスキルトレーニングを週2.5時間で6〜12カ月，そして治療者のチームコンサルテーションが週1回といったペースで実施される（Linehan, 1993）。DBTが有効な治療法であることは理解できても，それをわが国の医療制度の中で，原法に従って忠実に実施するには，一人ひとりの患者さんに割くことのできる時間的制限や臨床心理技術者等のスタッフ不足など，さまざまな困難があることも事実である。しかしながら，DBTの基本的発想やそこで用いられるさまざまな関わり方や技法は，感情調節困難を示す患者さんへの介入として十分に活用できると考えられる。特に不適切な随伴性コントロールがしばしば認められる患者さんと家族の関係性の修正を狙うときに，DBTの発想を家族が学ぶことによって，日常生活の中での問題解決はより容

易になるものと考えられる。そこで以下に、DBTの考えをもとにして患者指導と家族指導を行った症例を紹介する中から、感情調節困難な患者さんに対する指導の工夫とその効用について考えてみたい。なお、発表に当たり、患者からの承諾を得ている。

(2) 症　例
①症例1の概要
［症　例］
　32歳女性、専門学校生。
［診　断］
　第Ⅰ軸：気分変調性障害、原発性不眠症、転換性障害
　第Ⅱ軸：境界性パーソナリティ障害
　第Ⅲ軸：眼科疾患、消化器疾患
［認知行動的特徴］
　症例1の行動的特徴として顕著であったのは、自傷行為の反復、頻回の自殺企図、人間関係不良、衝動性、攻撃性、両親兄弟との関係不良および家庭内孤立、アルバイトするも短期で離職等であり、また、認知的特徴として、過度の自責感、二者択一的思考、強い「すべし思考」、強い絶望感等が認められた。
［病　歴］
　X−14年、情緒不安定を呈し高等学校中退、その後高卒認定を経て大学に進学した。X−13年には、主として左前腕部を切る自傷行為が始まった。その後自傷行為は頻回に行われ、X−11年、初めて自殺企図を行う。その後頻回に薬物の多量摂取、ひもで首を絞める等の自殺企図が繰り返される。X−10年7月〜10月、X−8年5月〜10月、X−4年3月〜12月、X−2年4月〜7月、およびX年3月〜6月、情緒不安定、自傷行為の反復、強い自殺念慮、強い抑うつを訴え入院。X年7月、筆者による治療を開始した

②症例2の概要
［症　例］
　24歳女性、無職。

［診　　断］
　第Ⅰ軸：気分変調性障害
　第Ⅱ軸：境界性パーソナリティ障害
［認知行動的特徴］
　自傷行為の反復，頻回の自殺企図，人間関係不良，衝動性，怒り発作，依存性，人から拒否されることへの強い不安が認知行動的な特徴として顕著であった。
［病　　歴］
　X－7年，高等学校3年のとき，抑うつ気分を感じ始めその後増強。X－6年，自宅を離れて大学に進学するもX－5年に中退。同年自傷行為が始まり，抑うつ気分と自殺念慮が増強したため入院。X－4年，初回の自殺企図，入院。X－3年，およびX－2年，抑うつ気分が増強したため入院。X年1月，筆者による治療を開始した。

(3) 症例への対応
　両症例ともに，セッションはBPDに関する心理教育と目標設定を行うセッションから開始した。心理教育セッションでは，BPDと呼ばれる状態がどのような状態を指しているか適切な理解を深めるとともに，自らが改善したときのイメージとして，以下の諸点を改善の目標として共有できることを狙った。
　①問題を，パーソナリティの歪みや過去の不快な体験のせいにするのではなく，これからの快適な生活を送るために改善するとよい課題と理解する。
　②今よりも上手に問題を解決するスキルを身につけると，今よりもうまく生活でき，人との関係も良くなることを理解する。
　③自己表現を上手に行い，人間関係を上手に保つための工夫を考える。
　④ストレスへの対処方法を身につけ，気分や感情に変化を感じたときに，それらを自分でコントロールすることのできるパワーを身につけることが大切であることを学ぶ。
　⑤問題だと感じる振舞いや考え方を自分の個性として理解し，受け容れることが大切であることを理解する。
　⑥危機に直面したときには，それを，自分を脅かす厄介な出来事として理解するのではなく，危機をどのように克服するかを試す絶好のチャンスであると

理解する。

⑦問題解決のアイデアを探し，実際に試してみると（実験を行い）どのような結果が手に入るかを体験することによって，適切な問題解決ができるようにする。

その後の指導に当たっては，本人の行動や感情を治療者が受け入れることを前提とし，彼らなりに最善を尽くそうとしている姿勢を認めるとともに，それまでのあまり上手ではない問題解決の仕方を，自分にとっても周りの人にとっても良い結果が得られるような問題解決スタイルにいかに修正していくことができるかを考え，実践することに焦点が当てられた。また，彼らが良くなろうとしている努力を認め，できるだけ早く適切な問題解決ができるよう援助するという点に着目することを基本とした。セッション内で取り上げられたテーマには以下のような点が含まれている。

①周囲の人は認めてくれなくても，自分自身でそれまで行ってきた努力を自分なりに認め，自己受容を促進するとともに，できていたことを総括する中からセルフエスティームの向上を狙う。

②自分の気分，感情や考えていることを周囲の人に適切に表現することのできるコミュニケーションスキルを学習する。

③生活の中でストレスを感じたときに必要な多様な対処スキルを学習する。

④厄介な問題に出くわしたときに，それを適切に解決するためのスキルを学習する。

⑤操作的だと言われる態度や行動が表出される背景にある「自分の感情，感じ方，考え方，そして自分そのものを，周りの人は決してわかってくれていない」といった自動思考とスキーマの修正を行う。

さらに，携帯電話メールを用いた相談ホットラインを設けた。携帯電話メールによる相談のルールは，患者が困ったときにどうすればよいかをメールで相談するのではなく，困った場面に出くわしたときに自分でこのような工夫を行い，このような結果になったがそれで適切であったか，同じような場面にその後出くわしたときにどのような方策が考えられるかをメールでのやり取りを通して確認し，整理するところにある。問題解決療法の一環として行われ，ブースターセッション的な意味合いを強くもたせている。

また，家族に対する心理教育セッションも併せて実施された。家族に対する

表2 各症例の変化

セッション数	症例1	約2週間に1回,14カ月	
	症例2	約2週間に1回,21カ月	
		治療前6カ月時	治療後6カ月時
1カ月あたりの自傷行為回数	症例1	1.5	0.17
	症例2	0.67	0
1カ月あたりの自殺企図回数	症例1	0.33	0
	症例2	0.33	0
SDS	症例1	60	48
	症例2	66	36

　心理教育の狙いは，BPDに対する誤解を解き，本人への関わり方の着眼点を理解するとともに，協働治療者としてともに問題解決できる態勢を作るところにある。また，家族のストレス緩和を図ることも大切である。具体的には，以下の点について話し合いの機会を設定した。

　①BPDに対する誤解，および，治療法に対する誤解を解き，適切な理解を促進する。

　②治療に対する絶望感を減少させ，協働治療者として治療に参加する意欲を高める。

　③家族の苦悩とストレスを緩和し，適切なストレス対処の仕方を学ぶ。

　④不適切と思われる行動をとったときには，身体的危険の可能性があると判断されたときを除いて特に注目等の対応はとらず，「普通」に生活しているときに話を聞く，声をかける，興味関心を示す等の対応をするという随伴性コントロールのあり方を理解し，本人への関わり方の基本を学ぶ。

　⑤両親の過度の自責の念を和らげ，適切な原因帰属の仕方を学ぶ。

また，本人がネガティブな感情を表現したときには，その行動が理にかなっていて理解可能であることを伝えるといった，本人との適切なコミュニケーションスキルを学習すること，そして家族が抱える問題を解決するスキルトレーニングが併せて実施された。

　なお，各症例の変化を示したものが**表2**である。

(4) 考　　察

　感情調節困難な患者さんが抱える問題は，大きく３つに分けて考えることができる。第一は，感情調節の困難さに加え，耐性の低下，依存的な行動，不快さを感じる場面への回避行動や社会的引きこもり，活動性と動機づけの低下といった行動レベルの問題である。第二に，どのようにすればよいかわからないと考える，人から嫌われることを予想する，誰も自分をわかってくれないと考える等，自動思考を含むいわば認知過程の問題である。第三に，私は弱い人間だ，私の感情や考え方，自分自身を周りの人は絶対わかってくれないといったスキーマレベルでの問題である。したがって，彼らへの関わりも行動レベル，認知過程のレベル，スキーマレベルという３つの水準から考えることができる。

　行動レベルの問題の解決については，患者さんの行動は，彼らが問題を適切に解決する方法を十分に獲得していないために起きるものであり，彼らの問題解決能力を高めることによって不適切な行動化を減少させることは可能である，生活の中で問題に直面したとき，適切な問題解決スキルがあれば問題の発生も予防することができるという前提のもと，行動レベルの問題を，上手な問題解決スキルとストレス対処スキルの獲得によって解決するとともに，同時に，来談しない，行動化する，回避する，無理な要求をする，改善を急ぐ，といった改善を阻害する行動を修正していくことが必要である。激しい感情の表出は，自らの感情や情緒を周囲に適切に表現するスキルを学ぶことによって改善可能である。同時に，適切な随伴性コントロールを確立するために，本人だけではなく，家族と協働して問題解決に当たるという枠組みを組み入れることが必要である。

　認知過程とスキーマの修正は，行動レベルの問題の修正が少しなりとも達成された段階で行われる。現実的な目標設定の仕方を学び，達成感を手に入れる中からセルフエフィカシーの向上を図る，患者さんがしばしばこだわっている過去の嫌な出来事に関して，「あの出来事が自分をだめにした」という理解の仕方から，「『あの出来事が自分をだめにした』という今の考えが今の自分をだめにしている」という理解の仕方に修正し，絶望感を和らげる，二者択一的な思考スタイルを和らげる，原因帰属の型の修正を行う，考え方の修正の結果を

行動実験によって確認することで,考え方の修正が妥当であったことを確認する,といった試みが行われる。いずれも,行動の変化を根拠として認知の変化を促していく。

一方,家族や患者さんに関わる医療従事者といかに協働者として動くことができるかという点も考えておかなければならない。従前の家族指導ではややもすると教育セッションのみが行われることが少なくなかったが,家族が治療者と同一原則に立ち,同じ働きかけを毎日の生活の中で治療者に代わって積極的に共同して問題解決に携わっていくという取り組みが重要である。

3. スキーマ療法

1. スキーマ療法(Schema Therapy)とは

スキーマ療法は J. Young らが構築した心理療法の一体系である。Young は,伝統的な認知療法(注:「伝統的な認知療法」「標準的な認知療法」とは A. Beck の構築した認知療法のことを指す)だけでは十分な効果を得られない,いわゆる"困難事例",とりわけ BPD にアプローチするために,スキーマ療法を開発した。

スキーマ療法の理論やモデルの中心は,あくまでも認知療法,認知行動療法であるが,他に,ゲシュタルト療法,力動的アプローチ,構成主義,感情焦点化療法,アタッチメント理論などが含まれ,非常に統合的であることがその大きな特徴である。Young によれば,スキーマ療法は,第 I 軸疾患の急性症状が薬物療法や標準的な CBT によってある程度改善された時点で導入されるものであり,そのターゲットは症状ではなく,パーソナリティの問題そのものである

(1) 早期不適応的スキーマ

「スキーマ」とはもともと認知心理学や発達心理学の用語で「認知構造」を意味する。Young はスキーマを,幼少期および思春期を通して形成され,人生経験を通して発展する記憶,感情,認知,身体感覚を含む,生活体験を理解するために組織化されたある種の原理,認知プランであると説明している。し

たがって，スキーマが現実と合わない場合，スキーマに合わせて不正確，歪曲した現実解釈をすることもあると考えられる。スキーマには適応的なものも不適応的なものもあるが，その中で人生早期に形成され，その人の体験や生活を不適応方向に導くスキーマを，「早期不適応的スキーマ（early maladaptive schema）」と命名し，現在のところ以下の18の早期不適応的スキーマを同定している。

スキーマ領域1：断絶と拒絶（Disconnection and Rejection）
　見捨てられ／不安定スキーマ（Abandonment/Instability schema）
　不信／虐待スキーマ（Mistrust/Abuse schema）
　情緒的剥奪スキーマ（Emotional Deprivation schema）
　欠陥／恥スキーマ（Defectiveness/Shame schema）
　社会的孤立／阻害スキーマ（Social Isolation/Alienation schema）
スキーマ領域2：自律性と行動の損傷（Impaired Autonomy and Performance）
　依存／無能スキーマ（Dependence/Incompetence schema）
　損害や疾病に対する脆弱性スキーマ（Vulnerability to Harm or Illness schema）
　巻き込まれ／未発達な自己スキーマ（Enmeshment/Undeveloped Self schema）
　失敗スキーマ（Failure schema）
スキーマ領域3：制約の欠如（Impaired Limits）
　権利要求／尊大スキーマ（Entitlement/Grandiosity schema）
　自制と自律の欠如スキーマ（Insufficient Self-Control/Self-Discipline schema）
スキーマ領域4：他者への追従（Other-Directedness）
　服従スキーマ（Subjugation schema）
　自己犠牲スキーマ（Self-Sacrifice schema）
　評価と承認の希求スキーマ（Approval-Seeking/Recognition-Seeking schema）
スキーマ領域5：警戒過剰と抑制（Overvigilance and Inhibition）

否定／悲観スキーマ（Negativity/Pessimism schema）
感情抑制スキーマ（Emotional Inhibition schema）
厳密な基準／過度の批判スキーマ（Unrelenting Standard/Hypercriticalness schema）
罰（外罰的）スキーマ（Punitiveness schema）

　これらのスキーマはもちろん実体はなく心理学的仮説構成体にすぎないが，Youngらは「Youngスキーマ質問紙（Young Schema Questionnaire：YSQ）」という信頼性および妥当性の高い質問紙を開発し，実証研究を重ねる中で，上記18の早期不適応的スキーマを同定したという経緯がある。Youngによると，BPDのクライアントは多くの早期不適応的スキーマを有するという。
　これらの早期不適応的スキーマをもつ人は，それらのスキーマに対して不適応的なコーピングスタイルを同時に有していることが多く，それらは大まかに，「スキーマへの服従（スキーマの言いなりになること）」「スキーマの回避（スキーマが活性化されたりスキーマに直面することを徹底的に避けること）」「スキーマへの過剰補償（スキーマに反発してスキーマとは反対の認知や行動にしがみつく）」の3つに分けられる。これらのコーピングスタイルは早期不適応的スキーマを継続または強化する傾向がある。それに対して，スキーマ療法の目標は不適応的スキーマの修復である。

(2) スキーマ療法の2つのステップ
　特にBPDをもつ人は多くの早期不適応的スキーマを有することが多く，その時々に活性化されているスキーマおよびコーピングスタイルによって，様々に異なる様相を呈するが，ある特定の状況でのある特定のクライアントの状態を「スキーマモード」と呼ぶ。これもスキーマ療法において重要な概念である。
　スキーマ療法は2つのステップから成る。第1のステップは「アセスメントと教育のフェーズ」であり，第2のステップは「変化のフェーズ」である。第1のステップでは，アセスメントと心理教育を通じて，クライアントが自らの早期不適応的スキーマやコーピングスタイル，そしてスキーマモードを自覚し，理解できるようになることを目指す。その場合の「自覚」「理解」は，頭の中

だけの理知的な作業だけではなく，イメージや感情を伴うものである必要がある。その上で第2のステップを通じて，スキーマの変容を図り，より適応的なスキーマを新たに構築し，これまでの行動パターンや対人関係のあり方を実際に変えていくことを目指す。こちらも単に頭の中だけの作業ではなく，体験的なワークを行い，生活や人生を実際に変化させていくことが重要である。

(3) スキーマモードワーク

それに加えて，Young が最近特に重視しているのが「モードワーク」という技法である。モードは刻一刻変化する感情状態とコーピング反応のことであるが，これは特に感情状態とコーピング反応が極端に，そして頻繁に変化するために治療が困難である境界性パーソナリティ障害の治療を通して形成された概念，技法である。Young らは，スキーマモードを次のように分類している。

チャイルドモード
1) 脆弱なチャイルドモード
2) 怒れるチャイルドモード
3) 衝動的・非自律的チャイルドモード
4) 幸せなチャイルドモード

非機能的コーピングモード
5) 従順・服従モード
6) 遮断・防衛モード
7) 過剰補償モード

非機能的ペアレントモード
8) 懲罰的ペアレントモード
9) 要求的ペアレントモード

ヘルシーアダルトモード
10) ヘルシーアダルトモード

境界性パーソナリティ障害をもつ人は多くのモードを体験し，それらのモードが統合されていないために，それぞれの感情状態が強烈であると考えられる。

モードが統合されていない極端なかたちが解離だと考えられる。それに対して、感情的に安定している人は異なるモードを体験しても、それらが統合されており、ヘルシー（健康な）アダルトモードが同時に機能していると考えられる。

したがって、モードワークでは自らの不適応的なモードを自覚し、それに対して、よりヘルシーで適応的なモード（ヘルシーアダルトモード）を自分の中に育てていくために対話的かつ体験的技法が活用される。

(4) 標準的認知療法とスキーマ療法

スキーマ療法は伝統的・標準的なCBTの発展形であるため、もちろん両者には多くの共通点がある。それらを羅列すると、「構造化されている」「アセスメント・概念化→介入という流れに沿って進める」「個々のクライアントに合わせてカスタマイズする（その意味ではパッケージCBTとは異なる）」「協同作業を重視する」「積極的に心理教育を行う」「クライアントのセルフヘルプを手助けする」「宿題を出す」「認知と他の反応（気分や感情、身体反応、行動）との相互作用を重視する」「様々な教材やツールを用いる」などが挙げられる。筆者が強調したいのは、標準的なCBTの知識やスキルを有し、標準的なCBTを実施できるセラピストがスキーマ療法にチャレンジできるということである。

標準的なCBTとスキーマ療法にはいろいろな相違点もある。まずスキーマ療法に特有のさまざまな概念や技法がある。治療関係についても、標準的なCBTでは「協同的実証主義」を理念とし、互いにフィードバックし合う対等な治療関係を構築するが、スキーマ療法では「治療的再養育法（limited reparenting）」という、セラピストが治療関係の中で養育者のポジションをとるような関係性を作り、最終的にはクライアントの中に、そのような養育者モードが形成されることを目指す。Youngはまた、スキーマ療法を展開する過程で、より困難な事例に向けて「スキーマモード」「モードワーク」という概念や技法を提唱している。

以上、ごく簡単にスキーマ療法について概説したが、詳しくはYoungらのテキストを参照していただきたい。2011年の日本認知療法学会での講演の際、Young氏自らが「2003年版のテキストはスキーマ療法のバイブルである」と言われていたが、筆者（伊藤）も全面的に同意する。筆者らは、この2003年

版のテキストの翻訳作業をしながら，そして実際にスキーマ療法を実践しながら，「認知行動療法のひとつの大きな到達点が，このスキーマ療法なのだ」と実感し，感動することが多々あった。そしてもちろん今でもそのように考え，感じている。なおスキーマ療法のエビデンスについては，オランダで大規模なRCTが実施されており，大変希望のもてるデータが発表されているので，そちらを参照されたい（Giesen-Bloo et al., 2006）。

2. 民間CBT機関におけるスキーマ療法の実践（伊藤絵美）

(1) はじめに

われわれは，2003年にYoungらが出版したスキーマ療法のテキストの翻訳作業を行い，2008年に日本語版を出版した。翻訳しながらスキーマ療法を学び，少しずつ自分たちの臨床に適用するようになり，次第にその効果を実感するようになった。

筆者の運営する機関はCBTを専門とするカウンセリング機関で，ケースを担当するのはすべてCBTの訓練を受けた臨床心理士である。医療機関ではなく健康保険は使えないので，クライアントにかかる金銭的負担は大きい。80％以上のケースが外部の医療機関（精神科，心療内科）からの紹介であり，電話予約からインテーク面接までの期間が数ヵ月にわたることもあり，慢性化した，あるいは再発を繰り返している困難事例が多いのが特徴的である。パーソナリティ障害や発達障害が併存するケースも多い。したがっていきおいスキーマ療法が適応となるケースが多く，筆者自身が担当しているケースのうち，約5分の2で現在スキーマ療法を実施している。以下にスキーマ療法を適用したBPDの事例を簡単に提示する。クライアントには事例発表について文書で承諾を得ているが，本稿では事例の本質を損ねない程度に内容を改変していることをあらかじめ記しておく。

(2) 事例：BPDをもつクライアントに対するスキーマ療法の適用

クライアントはAさん（女性）で，インテーク面接当時，30歳代前半であった。都内の精神科病院からの紹介で，紹介状には「気分変調性障害」「摂食障害」「境界性パーソナリティ障害」の病名が記されていた。インテーク面接で聴取した

内容は以下のとおりである。

[家　　族]
　父親(大学教員)，母親(対人援助専門職)，Aさんは同胞3名の第2子(姉と弟)。
[家族歴・生活歴]
　支配的な父親とそれに服従する母親のもとで育つが，明らかな虐待はなかった。神経質で不安を感じやすい子どもだったが，一方，何にでも頑張る傾向があった。勉強も運動もできるAさんだったが，小学校高学年のとき，クラスでいじめにあったり，担任に暴言を浴びせられたりするなどの体験をきっかけに適応や健康状態が悪化し，不登校気味になる。中学生時に摂食障害(過食嘔吐)が始まり，精神科に入院した。その後は入退院を繰り返しながら，通信制の高校や大学を留年や休学を繰り返しながら何とか卒業するも，卒業後はアルバイトや習い事が長続きせず，自宅に引きこもりがちな生活を10年近く続けている。
[治　療　歴]
　精神科の病院やクリニックの通院や入院を断続的に続けているが，治療関係が続かず，結果的にあちこちの医療機関を転々としている状況である。カウンセリングや心理療法についても同様で，あれこれトライはしているが続かない。
[当機関への来所のきっかけ]
　母親が仕事の関係でCBTのことを知り，本人に勧めた。
[主訴(インテーク時に本人が挙げた「CBTで何とかしたい困りごと」)]
　うつ(落ち込み，マイナス思考，自殺念慮)，太るのが怖い(過食嘔吐)，人が怖い，自分の行動が怖い(自分が何をしでかすかわからない)，何かを始めるのが怖い(将来が怖い)，パニック発作，気絶(解離症状)，疲れやすい，眠れない……などなど。
　上記の情報を聴取した後，インテーカー(筆者)がCBTの心理教育を行い，「長年の問題を短期間で一気に解決するのは無理なので，気長に，少しずつ，時間をかけて進めていく」ということに合意したうえで，CBTを開始することになり，担当セラピストが決まった。インテーク時に評価したGAF(機能の全体的評定)は35ポイントであった。
　その後の詳しい経過はここには記さないが，セラピストとの関係やセッショ

ンの構造が安定したものになるまでに約1年，約40セッションを要した。具体的には，担当セラピストを信頼できずコンサルテーション・セッションを経て，筆者が新たな担当者となるという経緯があったり，50分のセッションの時間内で思いをおさめられず，受付でねばったり，後から受付に電話があるということが頻発したことを受けて，50分のセッションのうち最後の20分を，「おさめる」ための時間に充てることにしたり，セッションの最後の「感想」も，クライアントだけでなくセラピストも述べることにしたりするなど，数々な工夫により，週に1度，50分のセッションだけでセラピーを継続できるような関係や構造を作っていった。さらに衝動的な行動（例：自傷行為，道路への飛び出し行為）により，通所そのものが難しくなる局面があり，それらの行動に対する応急処置的なコーピングの計画を立てたりもした。この頃から，「協同的実証主義」という従来のCBTの治療関係では立ち行かないことをセラピストは理解し，スキーマ療法の「治療的再養育法」という養育的なポジションやコミュニケーションを意識してとることが，Aさんを安心や落ち着きに導く重要なポイントであることがわかってきた。

　次に，さらに約1年，約40セッションをかけて，特に当時Aさんが困っていた「マイナス思考」と「過食嘔吐」に焦点を当てて，標準的なCBTを適用した。具体的には，それらの主訴をCBTの基本モデルに沿ってセルフモニタリング，アセスメントを行い，悪循環を維持している認知と行動のポイントを同定して，それらに対する介入（認知再構成法，問題解決法，日常的なストレスコーピングの実践）を行った。このような過程を通じてAさんは自動思考レベルでのセルフモニタリングが日常的にできるようになり，また認知再構成法などの技法を通じてマイナス思考や過食嘔吐を自ら改善することができるようになった。さらにこれらの過程を通じて，Aさんがスキーマレベルでの問題を抱えていることが仮説として共有され，セラピストからスキーマ療法について心理教育を行ったうえで，個別の症状や問題ではなく，パーソナリティや生き方といった大きな問題に対し，スキーマ療法を適用するかどうか時間をかけて話し合い，結果的にスキーマ療法を開始することが合意された。なおこの時点で，Aさんの状態は大きく崩れることはなくなり，GAFは55ポイントまで上昇した。

その後約3年かけて（セッション数にすると約150回），Youngら（2003）に基づくスキーマ療法を実践し，特に「見捨てられ／不安定」「不信／虐待」「情緒的剥奪」「欠陥／恥」「評価と承認の希求」「厳密な基準／過度の批判」といった早期不適応的スキーマに関わる自分の有り様や他者との関わり方について，「スキーマ分析」を通じて理解を深め，「スキーマワーク」を通じて，スキーマに関わる認知や感情や行動の変容を継続的に試みており，現在も継続中である。Aさんの変化としては，特にスキーマ分析を行い，その時々の自分の反応（自動思考，感情，身体反応，行動）がスキーマと密接に結びついていることが実感をもって理解できるようになった頃から非常に安定し，習い事や仕事を始めたり，新たな友人関係を形成したりもできるようになり，さらにそれらの習い事や仕事，友人関係が今のところ安定して継続している。今のところGAFは65ポイントと見積もっている。

(3) 考察と展望

当機関ではこの数年さまざまなケースにスキーマ療法を適用することが増えているが，パーソナリティ障害（特に境界性パーソナリティ障害，回避性パーソナリティ障害）や発達障害（特にアスペルガー症候群），難治性ないしは再発を繰り返す気分障害（大うつ病，気分変調性障害，非定型うつ病，双極性障害など）には特に効果的であることを実感している。また社会適応は良好で，特別な症状があるわけではないが長年にわたって「生きづらさ」の問題を抱えているクライアントにも，これまでの生き方を見直し，新たな生き方を探索するうえでスキーマ療法が奏功することを複数例にわたって経験している。スキーマ療法は時間やそれに伴うコストがかかるが，それを必要とする人にとっては大きな助けになることを考慮すると，CBTを志向するセラピストは，その上級技法としてスキーマ療法を習得するのが望ましいと考える。

ただし，標準的なCBTを実施できるセラピストの数自体が足りていない日本の状況を考えると，いきなりスキーマ療法のできるセラピストを増やそうとするのではなく，CBTの臨床家の数と質の底上げをし，その次のステップとして，それらの臨床家がスキーマ療法を習得するという段階を踏むのが現実的だと思われる。現在筆者はワークショップやスーパービジョンを通じてスキー

マ療法の専門家育成にも携わっているが，セラピスト自身が教育分析的にスキーマ療法を受けてみるのも，トレーニングとして大いに役に立つように思われる。最後にもちろんエビデンスを志向するCBTの発展型がスキーマ療法であるのであれば，スキーマ療法自体の効果をエビデンスとして出すことが重要であり，わが国でも何らかのかたちでスキーマ療法の効果を実証的に示していくことが必要であろう。

4. 討　　論

1. はじめに

　境界性パーソナリティ障害の患者を苦しめる強烈な感情は，不安，怒り，空虚感，孤独感，抑うつであり，これらがめまぐるしく転変する事態が，感情調節困難の意味するところであろう。感情調節が困難なゆえに，対人関係での困難，衝動的行動などの社会的側面での問題も増悪し，治療が困難な重症患者だと考えられることが多く，日本ではいまだ必要な治療サービスが提供されないことが多いと思われる。しかし，欧米では，急速に発展してきた弁証法的行動療法，そしてスキーマ療法などが，このような患者層のための積極的な治療法として普及してきている。日本ではいまだ黎明期なのかもしれないが，実際にこれらの認知行動療法のアプローチを日本の現状に合わせて応用することが始まっている。本稿では，これら2つの認知行動療法の新しいアプローチの日本での実践と普及の可能性を念頭に置いて，それらのアプローチの簡単な紹介と，日本での応用の症例報告を行った。

　ここでは，それらの報告に基づき，弁証法的行動療法とスキーマ療法の類似点と相違点をいくつかの観点から比較検討し，日本での実践，普及の可能性について討論する。

（1）弁証法的行動療法とスキーマ療法の類似点と相違点

　感情調節困難な患者／クライエントに対する弁証法的行動療法とスキーマ療法と，"標準的"（A. Beckが展開したような）認知行動療法との違いに関しては，本稿の弁証法的行動療法，スキーマ療法の解説である程度討論したと思

うが，ここで扱われている2つのアプローチの比較検討も必要であろう。

　2つのアプローチの大きな違いは，弁証法的行動療法は行動分析を中心にした行動療法をそのベースにもっていると考えられるのに対して，スキーマ療法はA. Beckの認知療法をそのベースとしていることだと言えるだろう。しかし，境界性パーソナリティ障害のように感情調節が非常に困難であり，それだけに「標準的治療アプローチ」では治療困難だと考えられるクライエント層のニーズに応えるためには必然的に包括的，統合的な工夫が必要となると考えられる。そのためにどちらのアプローチも認知かつ行動療法的なノウハウを駆使するだけでなく，そのほかのさまざまな，効果的だと考えられるアプローチ，技法を巧みに組み込んでいると考えられる。

　坂野は弁証法的行動療法を応用した臨床実践に関して，感情調節困難な患者が抱える問題を行動レベル，認知過程のレベル，そしてスキーマレベルの3つに分けて考え，認知過程とスキーマの修正は行動レベルの問題の修正が少しなりとも達成された段階で行われると考えている。それだけに，初期の治療的介入は行動のレベルの問題解決のために，スキルを学習すること，改善を阻害する行動を修正し，適切な随伴性コントロールを確立することを強調している。そのために家族との協働も重視している。

　標準的な弁証法的行動療法が包括的なチームアプローチを要求する。日本の臨床的風土では，一人ひとりの患者さんに割くことのできる時間的制限や，包括的なチームアプローチを行うためには臨床心理技術者等のスタッフが不足しているなど，さまざまな問題があるために，坂野は原法に従って忠実に実施するのは困難であると考え，日本の現実に即したかたちで大幅に修正を加えている。そのような日本での問題点に対して，スキーマを考慮に入れること，そして適切な随伴性コントロールを確立するための家族との協働を重視することなども，日本独特の工夫だと考えられる。

　それに対して，スキーマ療法は，基本的に個人療法モデルである。ニューヨーク市のYoungの研究所での長期研修とスカイプを活用しての長距離スーパービジョンなどが提供されている。さらに，J. Youngの著書（2003）でその治療アプローチは包括的に解説されていることもあり，必然的に集中的で長期の面接過程が要求されるものの，日本でも原法に近い実践は，相対的に可能であ

ると思われる。

　また，伊藤は自傷や過食嘔吐などの衝動的な行動や認知過程を，標準的なCBTを適用しながら，「共同的実証主義」ではなくスキーマ療法の「治療的再養育法」的ポジションをとり，認知と行動がある程度安定した後に，スキーマ療法を導入している。提示された症例ではスキーマ療法導入まで約2年の標準的認知行動療法が行われている。一方，坂野の提唱する「日本的」弁証法的行動療法は，当初から行動のレベルと認知のレベルでの介入に重きが置かれている。伊藤の提唱するスキーマのレベルでの介入を重視するスキーマ療法は行動のレベルと認知のレベルである程度安定した後に導入されるようであるので，この2つのアプローチには相補的な側面があると考えることもできる。行動と認知のレベルでの問題が大きい場合，まず弁証法的行動療法を活用し，行動と認知のレベルでの問題がある程度安定した場合にスキーマ療法を導入することがその例として考えられる。例えば，筆者の一人（遊佐）は弁証法的行動療法的スキル訓練を半年ほど経験したクライエントに，スキル訓練の一環としてスキーマとスキーマモードを新たなスキルとして導入して，モードワークを試行している。いまだ実証データは出されていないが，経験的には，衝動的なモード（チャイルドモードや非機能的ペアレントモード）になっている自分に気づき（ヘルシーアダルトモードを活性化させて），学習したさまざまなスキルを活用しやすくなるような好ましいクライエントの反応が見られている。将来，それぞれのアプローチが，坂野の言う3つのレベルに効果的に対応できるようになる可能性も考えられ，日本独自の治療システムが発展することも期待できるのではないだろうか。

　(2) 文脈の転換という観点からの，2つのアプローチの比較
　従来の認知行動療法は，問題解決を旨とする介入法であり，そういう意味では，人生の節目ではない比較的安定した年代において，精神疾患などのために生活の限局された側面に問題を抱えているようなケースを得意としていた。それに対して，本稿で取り上げた境界性パーソナリティ障害は，感情調節困難という生活全般に及ぶ問題が中核になっているため，異なった方法論を必要としてくる。それを一言で言うと，人生の文脈の転換を前提とした介入ということ

になり，新たな文脈に適合する行動をいかに増やしていくかということが要になるのではないだろうか。これまで，人生の節目の時期にその文脈を転換していくことを目指した介入法としては，クライエントのパーソナリティの再構成を目指す精神分析療法などがあったが，治療のエビデンスという意味では不十分なものであった。そこに，スキーマ療法や弁証法的行動療法などのエビデンスに基づく認知行動療法が発展してくる必然性があったと考えられる。

さて，そのような観点から，本稿で扱われたひとつの話題に注目してみたい。それは，パーソナリティというものをどう捉えるかという点である。スキーマ療法では境界性パーソナリティ障害の理解とその介入に，病的なパーソナリティとそれに関わる早期不適応的スキーマという認知構造が果たす役割を強調するのに対して，行動療法的観点に立つと，病的なパーソナリティとは，個人が日々の生活の中で繰り返す不適応行動を集めたものにすぎず，したがって，個々の行動を環境との相互作用を前提にして丹念に修正していくことの重要性が強調される。この議論は，認知療法と行動療法の間に繰り広げられてきた根本的な意見の相違が表出されているようにも思えるが，ここでどちらの治療法もRCTによってエビデンスが示されているという点に注目してみれば，強調点はかなり異なっているとしても，共通する治療要素をもっているということも想定されるのではないだろうか。その共通要素として想定できるのが，上記のとおり，どちらの治療法でも人生の文脈転換を可能にしているという点であるが，その実現の方法が違うのであろう。スキーマ療法では，われわれの認知面の働き全般の枠組みとなる早期不適応的スキーマを修正することによって，大人としての人生にあったパーソナリティ（＝文脈）を構築することを狙っているのであろうし，弁証法的行動療法では，自己破壊的な行動を維持している環境との随伴関係を修正し，健康的な行動が維持される環境との随伴関係を徹底的に実現することによって，大人としての生活の文脈を築こうとしているのではないだろうか。

以上のように考えてみれば，それぞれの体系が，さらに詳細なエビデンスを積み重ねることで，両者が補い合える点が見えてくる可能性があるのではないだろうか。その結果として，境界性パーソナリティ障害のように厳しい感情調節困難を抱える人たちの苦しみが，もっと無駄なく効率よく解決できる日が来

るのではないかと期待される．今後もこの重要な話題に関して，継続的な議論が行われることを期待したい．

(3) 単独治療者モデルと複数治療者モデルという観点からの，2つのアプローチの比較

日本において感情調節困難に対する弁証法的行動療法やスキーマ療法の訓練から普及を考えた場合，これら2つのアプローチの治療モデルの違いに目を向けることも有意義であると考えられる．外来を治療の場とした認知行動療法は，多くは"個人"療法である．治療者モデルは1人の患者の治療に，1人の治療者が当たる単一治療者モデル（one-person treatment model）と，薬物療法担当の医師と認知行動療法家などという2人以上が関与する複数治療者モデル（two-person treatment model）に分けることができよう．

弁証法的行動療法は複数治療者，チーム治療モデルである．従って弁証法的行動療法の訓練では，行動-認知療法を基礎としてマインドフルネス，承認などの弁証法的行動療法独特の戦略，そして治療関係者のチームの協働に関する訓練が必要であろう．また，標準的弁証法的行動療法を日本で実践することは医療経済的問題に加え，包括的訓練を受けた治療者が少ないなどの問題のために，非常に困難である．そのために，坂野が報告しているように，弁証法的行動療法の原則を活用しながら，日本の実情に合ったかたちに修正を加える（adapt）必要があると思われる．その際に，坂野の提唱するように，家族を含めた複数の治療関係者と連携することにより，弁証法的行動療法の原則を活用しながらも，日本の治療現場と社会的現実により適応するようなアプローチを発展させる可能性が示唆される．

一方，スキーマ療法は単一治療者モデルであり，J. Young の著書がスキーマ療法の「バイブル」であるとのことであるので，『標準的スキーマ療法』を受け入れて（adopt）日本で発展させることが可能かもしれない．しかし，伊藤が強調しているように，セラピストがスキーマ療法にチャレンジするためには，その基礎として，標準的な認知行動療法の知識やスキルをもって標準的な認知行動療法を実施できる必要があると考えられる．

また，境界性パーソナリティ障害のような重篤な感情調節困難に対応する集

中治療では，治療の場が入院病棟などへ広がり，多くの専門職の関与，すなわち"集団"療法（team approach model）が要請されるだろう。感情調節困難に対する認知行動療法の訓練・普及には，多職種や感情調節困難に直面する家族，さらには地域社会との共同（collaboration）をも視野に入れた専門職の養成が必要になるだろう。

2. 結　語

認知行動療法の実践の場で，複数の感情の調節に困難を経験しており，標準的認知行動療法で対応しにくい，境界性パーソナリティ障害などの治療困難な重症患者のニーズに応えるためにも，今後日本の現状に合った弁証法的行動療法，スキーマ療法などの発展と普及が期待される。そのためにも，認知療法学会を含む関連学会，教育機関などが研究，そして教育訓練の機会を提供し，この，治療困難だと考えられており，本人と身近な人々に大きな困難をもたらしている問題に対して，日本の風土に適合した認知行動療法的治療システムの発展と普及に貢献することが期待される。

文　献

1) 秋元波留夫訳編（2000）：ジャクソン 神経系の進化と解体．創造出版，東京
2) Campbell-Sills, L. & Barlow, D.（2007）：Incorporating emotion regulations into conceptualizations and treatments of anxiety and mood disorders. In : J. Gross (ed.) *Handbook of Emotion Regulation*. Guilford Press, New York
3) Fruzetti, A. E. et al.（2007）：Dialectical behavior therapy with families. Dimeff, L. A. & Koerner, K. (eds.) *Dialectical Behavior Therapy in Clinical Practice : Applications across Disorders and Settings*. Guilford Press, New York
4) Giesen-Bloo, J., van Dyck, R., Spinhoven, P., van Tilburg, W., Dicksen, C., van Assert, T., Kremers, I., Nadort, M. & Arntz, A.（2006）：Outpatient psychotherapy for borderline personality disorder : Randomized trial of schema-focused therapy vs transference-focused psychotherapy. *Archives of General Psychiatry* 63, 649-658
5) Linehan, M. M.（1993）：*Cognitive-behavioral Treatment of Borderline Personality Disorder*. Guilford Press, New York. 大野裕監訳（2007）：境界性パーソナリティ

障害の弁証法的行動療法——DBT による BPD の治療．誠信書房，東京
6) 坂野雄二・金井嘉宏・大澤香織ほか（2005）：境界性人格障害に対する弁証法的行動療法の治療効果に関するメタ分析．精神科治療学 20(1)，75-87
7) Young, J. E., Klosko, J. S. & Weishaar, M. E.（2003）：*Schema Therapy: A Practitioner's Guide.* Guilford Press, New York. 伊藤絵美監訳（2008）：スキーマ療法——パーソナリティの問題に対する統合的認知行動療法アプローチ．金剛出版，東京

終章　認知療法のこれから

東　斉彰

　「まえがき」で述べたように，日本に認知療法が導入されてから，認知療法および認知行動療法は15年ほどの短い間にわが国の中心的な心理療法として定着しつつある。その理由には様々な要因があるだろうが，本書の各章にそれが表れている。認知療法は基礎となる理論が確立されており，感情や行動の障害に認知（思考やイメージ）が介在することを基本として，そこから様々なバリエーションが派生し，発展している。基本理論は堅持しつつも，そこからは大きく広がる可能性を秘め，なおかつそれを実践しているのが認知療法であるといえる。この終章では，第1章から第7章までの論考をふり返りながら，本書のテーマである理論，臨床実践，研究を中心軸に，認知療法の今後の展望を述べてみたい。

　第1章では，認知療法成立以前の心理療法の流れをたどりながら，認識論，方法論から見た心理療法のあり方を述べつつ，認知療法が今までの心理療法を含み込んだ統合的な方法であることを証した。心理療法の世界も今やポストモダンの時代を迎え，人間の見方や価値観を相対的にとらえていく風潮がある。認知療法もそのような流れに乗って，絶対的な価値観にとらわれることなくさらに統合的に展開していくものと思われる。続く第2章での理論的展開の論考でも，そのような統合的観点が論じられ，最近の認知療法に取り入れられたマインドフルネスや受容という概念を理論的観点から捉えて，相対的，統合的なあり方について言及している。第3章はまさに認知療法の現代的発展といえるスキーマ療法の理論と方法である。認知的な心理療法には，行動療法に認知的要因を取り入れた認知行動療法の流れと，Beckの創始した認知モデルに基づく認知療法があると「まえがき」で述べたが，上述のマインドフルネスを組み

込んだ認知行動療法の方向性とは異なり，スキーマ療法は認知療法の正統的な発展ということができ，さらには愛着理論やゲシュタルト療法の概念をも取り込んだ，まさに統合的な方法ということができるだろう。第4章では，認知療法が有効な心理療法であることを証するエビデンスについて論議された。従来の量的研究に代表される客観的で実験的，測定的な方法よりも，より主観的で価値観や関係性を重視する質的研究が，認知療法の有効性を表現できる手段であることを主張している。それまで行動療法がその有効性の根拠としてきた量的研究に対して，物事の捉え方や意味をセラピーの対象とする認知療法において質的研究が前面に出てきたのは必然的であり，ここにも第1章で述べた説明科学と了解科学の相違が明確に見て取れるし，認知療法が説明的方法を残しつつ，それまで実証には馴染まなかった了解的方法を改めて取り入れていることがわかる。エビデンスに基づいた方法というのは，操作的に定義された一定のマニュアルのとおりに介入すれば，一定の効果をもたらすことを量的分析によって保証するということだけではなくて，あるクライエントとあるセラピストが個別の面接を行う中で浮かび上がってくるデータを分析し，その治癒メカニズムや効果のあり方を確認していくという質的分析による方法をも指している。質的分析という方法は，エビデンス否定派の臨床家が考えているような実験的，数量的なものではなくて，意味や価値をも含んだ極めて人間的なものをも考慮に入れた方法であることが強調されるべきであるし，認知療法は狭義の行動療法の研究的な枠組みを越えた広い意味での臨床科学であることが示されるのである。

　認知療法の臨床的発展を論じた第5章では，理論的な展開や治療関係の重要性も押さえながら，認知療法が様々な精神疾患や症状，問題にその適用対象を広げてきたこと，心理療法の分野以外にも普及の範囲が広がってきていることを強調している。認知療法は当初うつ病の治療から始まっており，その後不安障害や強迫性障害などの症状性の疾患，そしてパーソナリティー障害や統合失調症などの病態の重い疾患へと適用を広げ，現在は発達障害や生活習慣病といった従来の心理療法では介入が困難であった問題群をも視野に入れており，心理的問題があるところにはすべて認知療法，認知行動療法が適用される感があると言っても過言ではなかろう。アメリカやイギリスではかねてより精神疾

患以外の分野への認知療法，認知行動療法の参入が顕著であるが，日本においても目覚ましい勢いで適用の範囲が広がっているのは驚くばかりである。第6章では，認知療法では見逃されがちな治療関係に言及した論考であるが，様々な治療困難例に対してセラピスト－クライエントの関係の再構築に工夫を凝らしていることが見て取れる。著者らはクライエントから信頼と期待を得ることが肝要であると考えているが，様々な心理療法の効果研究で治療関係要因の重要性が見出されていることからも，認知療法は理論や技法の論議と同等かそれ以上に，治療関係について言及されるべきであろう。第7章では，これまで述べてきたような理論的，臨床的発展の論議を受けるようなかたちで，現在日本で行われている困難事例への介入例を論じている。ここでは弁証法的行動療法とスキーマ療法による治療が取り上げられ比較検討されており，それを複数治療者によるものと単一治療者によるものという，治療セッティングの相違という観点から言及している。アメリカ発祥のこれらの方法を日本に導入し，日本の文化，風土に即した介入の工夫をすべきであると筆者らはうたっているが，これは今後の重要な課題となっていくだろう。

　本書で著された認知療法の概念と方法の論述から，今後の認知療法の展望を行うとすれば以下のようになるであろう。

1．理論的方向性

　認知療法は基礎理論（認知モデル）が明確かつシンプルであり，それ自体は理論的発展を見ることはないと思われる。むしろ認知モデルを基礎として，そこに他の学派からの概念や，新しい考え方を追加して，認知療法として拡大，統合していく方向をとるだろう。現在の認知療法は，アクセプタンスとマインドフルネスの概念と方法を取り込んで発展しているが，今後はそのような体験的な方法が洗練されていくかもしれないし，他の概念（たとえば感情や行動面，あるいはより洞察的な方向性など）が追加されていくのかもしれない。いずれにしても，まったく新しい理論が構築されるのではなく，様々な概念が統合されていく方向がとられると思われる。

2. 技法の発展

認知療法はそれ自体が統合的，折衷的な構造をもっているので，使用される技法も現時点でも数多い。従来の認知的技法，行動的技法に加え，スキーマ療法では感情的技法，マインドフルネス認知療法では体験的技法など，認知モデルという理論的枠組みを越えて非常に多くの技法が存在している。第1章で述べたように，心理療法は現在統合・折衷的な方向へと向かっている。認知療法は，認知がネガティブな感情や行動の問題に影響を及ぼすという基本モデルを堅持しつつ，既存のあらゆる心理療法の技法を使用することがありえるし，新規の技法や従来のものの複合的技法を組み込む可能性もあるだろう。

3. 特異的な関係性の構築

心理療法の効果要因として，治療関係が大きな要素を占めることはよく知られている。認知療法ももちろん治療関係を重視しており，共同的経験主義として概念化されている。一方，認知療法に特異的な治療関係のあり方も論議されており（Thwaites & Benett-Levy, 2007），たとえば心理教育，アセスメント，技法介入の際などの共感を中心とした治療関係のあり方が取り上げられている（東，2011）。認知療法は他の治療法と比べて，指示的，教育的な要素が強く，積極的にセラピーを進めていく中での治療関係のあり方が今後論議されていくであろう。また，スキーマ療法の体験的技法のように，セラピストがクライエントの感情を扱いながら認知に介入していく際の関係のとり方が，そのまま"治療的再養育法"として治療的効果をもつという考え方もある。認知療法は今後ますます統合的な方法として進化し，治療関係要因をもその掌中に入れて発展していくと思われる。

4. 適用範囲の拡大

既述のように認知療法の対象は，うつ病や不安障害，パーソナリティー障害，統合失調症，発達障害から生活習慣病といった，あらゆる精神疾患や問題行動，また身体疾患までもその範囲を広げている。人の認知や感情，行動までも視野に入れた認知療法は今後ますますその適用対象を広げていくと思われるが，精神疾患や問題行動の治療や修正だけではなく，教育や福祉，産業場面での健康

な人々のためにも適用されていくだろう。たとえば学校教育での教科学習の向上，福祉ユーザーの社会資源の有効的利用，企業などの組織での業務や対人関係の能力の向上，乳幼児の子育ての問題などにその技術が使用されるかもしれない。認知療法は今後，国民の生活の質の向上のためにその貢献の度合いを増していくものと思われる。

5. 研究法の確立——意味論の強調

認知療法は幅広い対象に高い治療効果があるというエビデンスを有する。また，認知療法によるどのような介入が治癒に影響を及ぼすかという治癒メカニズムについてもエビデンスが豊富である。第4章で述べられたように，効果研究やアナログ研究で用いられるような量的研究に対して，認知療法では質的研究が採用される機会が増えてきたようである。それは，認知療法は行動療法などの実証科学的な治療法と比べて，認知内容やその変容過程といった意味論的，了解科学的なものが本質であるということにも関係するだろう。つまり，心理療法としての科学性をもつ治療法であると同時に，人間が生存し，社会に適応し，健康な生活を営むという，高い知能をもった種である人間としての価値的な存在のあり方に，認知療法は大きく貢献する可能性をもっているということである。

文　献

1) 東斉彰（2011）：統合的観点から見た　認知療法の実践——理論，技法，治療関係．岩崎学術出版社，東京
2) Thwaites, R. & Benett-Levy, J.（2007）：Conceptualizing empathy in cognitive behavior therapy: Making the implicit explicit. *Behavioral and Cognitive Psychotherapy* 35, 591-612

あとがき

　本書は2011年に開催された第11回日本認知療法学会の講演，シンポジウムを改めて論文にしたものに，書き下ろしの論考を加えたものである。編者はその際の大会長を務め，大会テーマを「日本における認知療法の歴史，現状，未来」とした。学会創立より10年が経過し，ようやくわが国にも認知療法，認知行動療法が定着してきた観があり，まだ短いながらも急速な進歩をたどった歴史と，まさに旬である現在の状況，そして今後ますます発展するであろう未来について記録しておきたいとの希望から，本書を著すこととした。結果日本における認知療法の過去，現在，未来を示す重要論文が著され，この業界を今まさにリードする第一人者を集めて本書を完成することができたと自負している。

　心理療法によらずおよそ新しい学問を起こしてそれを有効かつ世間に認められるためには，しっかりした理論的基盤と整合性のある技法，それらに根差した有効な実践，そしてそれを確かめる方法としての研究法とエビデンスが不可欠である。本書ではそれらを洩れることなく網羅し，あらゆる側面からその有用性を示したつもりである。それとともに，学問的にも実践的にも絶対的なものから相対的なものへと認識論や価値観が移行している現代において，心理療法も相対化され統合の方向に進行している状況を，認知療法について述べている本書の根底に脈々と論じていることも読み取っていただければ幸いである。

　本書は，既に認知療法，認知行動療法を実践，研究している臨床家，研究者はもちろんであるが，今からそれを志す初心の臨床家や大学院生，そして他の学派を標榜しつつも心理療法を相対的に俯瞰している臨床家にも，目を通し今後の活動の参考にしていただければ編者らの望外の喜びである。

　最後になったが，短い期間にもかかわらず，迅速かつ内容の濃い原稿をいただいた執筆者の先生方に心よりの敬意と感謝の意を申し述べたい。また，いつもながら配慮あふれるサポートと的確な指摘をいただいた編集部の布施谷友美さんに感謝申し上げたい。

2012年8月　酷暑と激しい天候の変化に，自然への畏敬を感じつつ

編　者

索　引

あ行

愛着スタイル　*147*
愛着理論　*54*
アクセプタンス　*43*
　　――＆コミットメントセラピー（ACT）　*129*
アスペルガー障害　*154*
怒りと衝動に対する限界設定　*63*
怒れる・衝動的チャイルドモード　*60, 63*
怒れるチャイルドモード　*61, 186*
依存／無能スキーマ　*152, 153, 184*
一事例実験研究　*103*
イメージ技法　*59*
威力的パーソナリティ・スタイル　*159*
ヴァスバンドゥ（世親）　*34*
『うつ病の認知療法』　*122*
エスノグラフィー　*88*
エピクテトス　*33*
エビデンス　*1, 2, 4, 5, 26, 128*
　　――に基づく心理実践　*85*
　　――に基づく治療関係　*84*
応用行動分析　*121*
オペラント条件づけ　*12*
オリジナルモデル　*55*

か行

Garfield, S. L.　*22*
解決志向　*132*
解釈学　*15*
改善維持率　*82*
ガイドライン　*128*
概念の原則　*174*
回避　*56*
科学者-実践家モデル（scientist-practitioner model）　*119*
学習心理学　*18*
過剰補償（モード）　*57, 186*
家族療法　*23*
課題分析　*88, 100*
価値論　*90*
活性化・脱活性化モデル　*42*
カテゴリー化・概念化　*93*
環境と個人の相互作用　*119*
感情あるいは気分・認知複合体　*46*
感情調節困難　*171 ～ 174, 176 ～ 178, 182, 192 ～ 197*
期待要因　*165*
機能主義　*24*
気分一致効果　*148*
技法折衷アプローチ　*21*
逆転移　*146, 147*
共感　*13, 20, 147*
　　――的理解　*146*
共感の剥奪スキーマ　*157*
共通要因　*147*
　　――アプローチ　*22*
協（共）同的経験主義　*20, 144*
協同的実証主義　*124, 187, 194*
強迫症状　*149, 150*
クライエント中心療法　*11, 17, 19, 23, 24, 148*
グラウンデッドセオリー法　*88, 102*
系統的事例研究法　*88, 103*
系統的脱感作　*120*
ケースフォーミュレーション　*129, 132*
欠陥／恥スキーマ　*56, 184*
研究パラダイム　*90*
現象学的アプローチ　*88*
効果を謳う効果　*165*
合議型質の研究法　*88*
構築主義　*95*
肯定的配慮　*146*

行動実験　49
行動主義　16, 19, 24
行動心理学　120
行動リハーサル　63
行動療法　11, 15, 17～20, 23, 24, 120
行動理論　19
行動連鎖分析　174
交流分析療法　20, 23
Cautela, J. R.　12
コード化　93
国際スキーマ療法協会　77
"*Cognitive Behavior Therapy*"（Beck, J. S.）　118
古典的条件づけ　12

さ行

サイコセラピー　37
催眠療法　23
作業同盟　100
三項随伴性　120
サンプリング　92
CBT　118
　オーダーメイド——　129
　第一世代——　129
　第二世代——　129
　第三世代——　129
　パッケージ——　129
自我違和感　150, 152
自我心理学　12, 17, 24
自己一致　13, 20
自己開示　124, 148
自己観の矛盾（self-discrepancy）　158
自己教示訓練　126
実証的に支持を得た心理治療　80
実践的事例研究法　103
質的研究　86
自動思考（automatic thought）　17, 122
社会構成主義　95
社会的学習理論　126
社会的脳　148

社会認知モデル　147
社交不安障害　158
遮断の克服（感情を喚起できるように遮断を克服すること）　63
遮断・防衛モード　60, 186
Japan Psychotherapy Week　49
修正感情体験　161
受容　20, 43
純粋性　147
情緒的剥奪スキーマ　56, 184
承認　175
触媒　49
事例定式化　129, 132
事例比較研究法　104
新奇性追求　159
心理学的ストレス理論　126
心理教育　150, 153, 154
スーパーヴィジョン　59
スキーマ　183～186, 193, 194
　依存／無能——　152, 153, 184
　共感の剥奪——　157
　欠陥／恥——　56, 184
　情緒的剥奪——　56, 184
　早期不適応的——　56, 183～185, 195
　服従——　156, 157
　不信／虐待——　56, 184
　不信——　152, 153
　見捨てられ——　56
　見捨てられ／不安定——　184
Schema Therapy Institute　77
スキーマ分析　150, 152
スキーマモード　59, 185～187, 194
　——対話　63
　——ワーク　186
スキーマ療法　54, 135, 145, 149, 150, 152, 154, 172, 173, 183, 185, 188, 191～197
　——の集団療法　64
　標準的認知療法と——　187
　弁証法的行動療法と——　192
Skinner, B. F.　12

スキル訓練　　176
ストレス・素因モデル　　38
ストレスマネジメント　　139
精神科学　　25
精神分析　　121
　　——的心理療法　　23
　　——療法　　11, 12, 15, 17, 20, 22〜24
性犯罪　　138
生物社会理論　　174
説明科学　　25
セルフヘルプ　　122
早期改善者　　83
早期不適応的スキーマ　　56, 183〜185, 195
ソクラテス式回答　　144
ソシオメーター理論　　148
損害回避　　159
存在論　　11, 90

た行

代償技能モデル　　42
対人関係論　　12, 17
対話技法　　59
脱中心化　　44
調節モデル　　42
懲罰的ペアレントモード　　60〜62, 66
治療関係　　144〜149, 152〜154, 157, 158, 161〜166, 186
治療の再養育法　　59, 63, 65, 187, 194
治療同盟　　144, 145, 147, 158, 162
ディルタイ（Dilthey, W.）　　14, 15
転移　　145〜147, 154
　　——焦点化療法　　63
同化的統合アプローチ　　22
統合失調症　　133
統合・折衷的心理療法　　21, 22, 24, 25
当事者研究　　140
トークン・エコノミー　　121
ドロップアウト　　82
　　——率　　64

な行

内的統制感　　148
ナラティブ　　26
人間性心理学　　15
認識論　　11, 90
認知行動変容　　126
認知行動療法（Cognitive Behavior Therapy：CBT）　　19, 23, 118, 126, 144, 146, 147, 152, 154, 164, 165
　　——センター　　131
　　クライエント中心的——　　148
認知主義　　16, 24
認知心理学　　16, 19
認知的概念化　　17, 20
認知的再帰属　　63
認知的・情動的モデル　　36
認知モード　　44
認知モデル　　19, 20, 25, 35, 38
認知療法（Cognitive Therapy）　　15, 17〜20, 23, 24, 118, 144〜149, 161〜166
　　——の3 stepモデル　　166
　　消えゆく——　　50
　　マインドフルネスに基づく——　　43, 129
ノーマライズ　　157, 164

は行

パーソナリティ障害　　134, 150, 154
　　境界性——　　135, 159
　　反社会性——　　159
暴露（エクスポージャー）　　121
発見志向的研究　　105
発達障害　　137
Pavlov, I. P.　　12
半構造化インタビュー　　97
Bandura, A.　　12
BDI-II　　122
被拒絶感　　145
被受容感　　148
フォーカシング指向心理療法　　21, 23

服従　56
服従スキーマ　156, 157
不信／虐待スキーマ　56, 184
不信スキーマ　152, 153
不適応的コーピングスタイル　56
ブリーフセラピー　21
Freud, S.　12
Prochaska, J.　21
Wundt, W. M.　13
Beck, A. T.　1, 2, 11, 34, 118, 121, 122
ベック抑うつ評価尺度（Beck Depression Inventory：BDI）　122
べてるの家　134, 140
ヘルシーアダルトモード　60, 186
弁証法的行動療法　135, 171〜173, 177, 192〜197
　　——とスキーマ療法　192
　「日本的」——　194
扁桃体　148
包括的プロセス分析法　88
報酬依存　159
方法的多元主義　85
方法論　90

ま行

マインドフルネス　44, 129, 141
　　——・スキル　174, 176
　　——に基づく認知療法　43, 129
マルクス・アウレリウス・アントニヌス　33
マルチモーダルトラッキング記録　159
マルチモード療法　21
見捨てられスキーマ　56
見捨てられたチャイルドモード　60
見捨てられ／不安定スキーマ　184
無作為化比較研究　63
無作為化臨床試験　84
無作為割付比較試験（RCT）　122
メタアナリシス（分析）　39, 84, 104
Messer, S. B.　22

メンタルヘルス　139
モードアプローチ　57, 60
モードイメージ　63
モードモデル　55
モードワーク　60, 187
問題解決　132, 174, 176
　　——療法　126
問題志向　132

や行

Young, J. E.　135, 172, 183, 185〜187
Youngスキーマ質問紙（Young Schema Questionnaire：YSQ）　185
幼少期の中核の欲求　55
陽性転移　154
抑うつ感　149, 150
予防教育　139

ら行

Lazarus, A. A.　21
Linehan, M. M.　134, 135, 137, 171, 173, 174, 176
理論構築　88
理論統合アプローチ　21
臨床管理群　83
臨床事例研究　103
臨床的有用性　95
ロールプレイ　59
Rogers, C. R.　13
論理実証主義　15, 24
論理情動行動療法　24, 126

わ行

Wachtel, P. L.　21
渡辺恒夫　15

編著者略歴

東　　斉彰（あずま　なりあき）：まえがき，各部はじめに，第 1 章，終章，あとがき
1987 年　関西学院大学大学院文学研究科博士前期課程修了
　　　　　大阪心理療法センター所長，九州大学医学部附属病院心療内科技官，一般財団法人住友病院臨床心理科主任を経て，
現　職　広島国際大学大学院心理科学研究科実践臨床心理学専攻教授，大阪大学大学院非常勤講師，同志社大学・実証にもとづく心理トリートメント研究開発・普及促進センター嘱託研究員（アドバイザー）
著　書　『統合的観点から見た　認知療法の実践』（岩崎学術出版社），『カウンセリングの成功と失敗』（分担執筆，創元社），『認知療法ケースブック』（分担執筆，星和書店），『発達臨床心理学ハンドブック』（分担執筆，ナカニシヤ出版），『これからの心理臨床』（分担執筆，ナカニシヤ出版），『パーソナリティ障害の認知療法』（共著，岩崎学術出版社），『心理臨床を見直す"介在"療法』（分担執筆，明石書店）
訳　書　『行動療法の展開』（共訳，二瓶社），『うつを克服する 10 のステップ　うつ病の認知行動療法　セラピスト・マニュアル』（監訳，金剛出版），『うつを克服する 10 のステップ　うつ病の認知行動療法　ユーザー・マニュアル』（監訳，金剛出版）

著者略歴

大野　　裕（おおの　ゆたか）：序章
1978 年　慶應義塾大学医学部卒業
現　職　国立精神・神経医療研究センター認知行動療法センター，センター長
著　書　『こころが晴れるノート』（創元社），『認知療法・認知行動療法マニュアルガイド』（星和書店），『はじめての認知療法』（講談社），ほか多数
訳　書　『認知療法』（岩崎学術出版社），『認知行動療法トレーニングブック』（医学書院），ほか多数
監　修　うつ・不安ネット：こころのスキルアップ・トレーニング（http://www.cbtjp.net/）

井上　和臣（いのうえ　かずおみ）：第 2 章
1977 年　京都府立医科大学卒業
現　職　内海メンタルクリニック・認知療法研究所
著　書　『認知療法への招待』（金芳堂），『認知療法・西から東へ』（編著，星和書店），『認知療法の世界へようこそ』（岩波書店），ほか多数
訳　書　『認知行動療法を始める人のために』（監訳，星和書店），『改訂第 2 版　パーソナリティ障害の認知療法［全訳版］』（監訳，岩崎学術出版社），ほか多数

ジェフリー・E・ヤング：第 3 章
スキーマ療法研究所・認知療法センター所長

佐々木　淳（ささき　じゅん）：第 3 章（翻訳），第 6 章
2005 年　東京大学大学院総合文化研究科修了，博士（学術）
現　職　大阪大学大学院人間科学研究科准教授
著　書　『大学生における自我漏洩感の心理学的研究』（風間書房），ほか
訳　書　『認知行動療法 100 のポイント』（分担訳，金剛出版），ほか

岩壁　　茂（いわかべ　しげる）：第 4 章
2001 年　McGill 大学大学院カウンセリング心理学専攻博士課程修了，心理学博士（Ph.D.）
現　職　お茶の水女子大学大学院人間文化創成科学研究科准教授

著　書　『心理療法・失敗例の臨床研究』（金剛出版），『プロセス研究の方法』（新曜社），『はじめて学ぶ　臨床心理学の質的研究』（岩崎学術出版社），ほか
訳　書　『感情に働きかける面接技法』（誠信書房）

伊藤　絵美（いとう　えみ）：第3章（監修），第5章
1996年　慶應義塾大学大学院社会学研究科社会学専攻博士課程満期退学
現　職　洗足ストレスコーピング・サポートオフィス所長，千葉大学大学院医学研究院子どものこころの発達研究センター特任准教授，博士（社会学），臨床心理士，精神保健福祉士
著　書　『認知療法ケースブック』（分担執筆，星和書店），『認知療法・認知行動療法カウンセリング』（星和書店），『抑うつの臨床心理学』（分担執筆，東京大学出版会），『認知療法・認知行動療法　面接の実際』（星和書店），『強迫性障害治療ハンドブック』（分担執筆，金剛出版），『認知行動療法，べてる式。』（編著，医学書院），『事例で学ぶ認知療法』（誠信書房），『認知療法・認知行動療法　事例検討ワークショップ』（1）（2）（編著および共著，星和書店）
訳　書　『認知療法実践ガイド　基礎から応用まで』（共訳，星和書店），『認知療法全技法ガイド』（共訳，星和書店），『認知療法実践ガイド：困難事例編』（共訳，星和書店），『スキーマ療法』（監訳，金剛出版），『認知行動療法における事例定式化と治療デザインの作成』（監訳，星和書店）

杉山　崇（すぎやま　たかし）：第6章
2002年　学習院大学大学院人間科学研究科博士後期課程満期退学
現　職　神奈川大学人間科学部准教授
著　書　『抑うつの臨床心理学』（分担執筆，東京大学出版会），『福祉と人間の考え方』（共著，ナカニシヤ出版），『これからの心理臨床』（共編著，ナカニシヤ出版），『臨床に活かす基礎心理学』（共編著，東京大学出版会），『グズほどなぜか忙しい！』（永岡書店），『事例でわかる心理学のうまい活かし方』（共編著，金剛出版），『カウンセリングと援助の実際』（共編著，北樹出版）

巣黒慎太郎（すぐろ　しんたろう）：第6章
2004年　関西学院大学大学院文学研究科博士課程後期課程教育学専修単位取得満期退学
現　職　一般財団法人住友病院臨床心理科臨床心理士，関西学院大学・大阪大学・奈良大学大学院非常勤講師
著　書　『音楽療法士のための心理学』（分担執筆，朱鷺書房），『わかりやすい発達障がい・知的障がいのSST実践マニュアル』（分担執筆，中央法規出版）
訳　書　『うつを克服する10のステップ　うつの認知行動療法　セラピスト・マニュアル』（共訳，金剛出版）

大島　郁葉（おおしま　ふみよ）：第6章
2012年　千葉大学大学院医学研究院先端生命科学専攻在学中
現　職　千葉大学大学院医学研究院子どものこころの発達研究センター特任研究員，池袋カウンセリングセンター臨床心理士
著　書　『美容師のためのカウンセリング』（共著，ナカニシヤ出版），『認知行動療法を身につける』（共著，金剛出版）
訳　書　『統合失調症を理解し支援するための認知行動療法』（共訳，金剛出版）

遊佐安一郎（ゆさ　やすいちろう）：第7章
1977年　米国ニューヨーク州立大学オールバニー校カウンセリング学部博士課程修了
現　職　長谷川メンタルヘルス研究所所長，国際基督教大学臨床心理学非常勤講師，北海道医療大学客員教授，高知県立大学看護学部非常勤講師，聖路加看護大学特任講師，東海大学看護学部非常勤講師

著　書　（以下すべて星和書店）『家族療法入門』，『援助技法の実際』（編著），『DBT＝弁証法的行動療法　こころのりんしょうà・la・carte 26(4)』（編著）

訳　書　（以下すべて星和書店）『認知療法入門』（監訳），『家族のための精神分裂病入門』（監修），『われからの再出発』（監訳），『境界性人格障害＝BPD実践ワークブック』（監訳），『ここは私の居場所じゃない』（監訳），『境界性パーソナリティ障害ファミリーガイド』（監訳）

坂野　雄二（さかの　ゆうじ）：第7章
1980年　筑波大学大学院博士課程心理学研究科心理学専攻修了
現　職　北海道医療大学心理科学部・心理科学研究科教授
著　書　『セルフ・エフィカシーの臨床心理学』（編著，北大路書房），『不安障害の臨床心理学』（共編，東京大学出版会），『パニック障害ハンドブック』（共著，医学書院），『認知行動療法の技法と臨床』（共編，日本評論社），『不安障害の認知行動療法』（共編，日本評論社），『認知行動療法の基礎』（金剛出版），ほか多数
訳　書　『不安障害』（監訳，日本評論社），『うつ病の認知療法［新版］』（監訳，岩崎学術出版社），『うつ病』（監訳，金子書房），『認知行動療法事典』（監訳，日本評論社），『大人のADHDの認知行動療法　セラピストガイド』（監訳，日本評論社），『大人のADHDの認知行動療法　本人のためのワークブック』（監訳，日本評論社），ほか多数

熊野　宏昭（くまの　ひろあき）：第7章
1985年　東京大学医学部卒業
現　職　早稲田大学人間科学学術院教授，早稲田大学応用脳科学研究所所長
著　書　『認知行動療法の臨床ワークショップ2』（編著，金子書房），『ストレスに負けない生活』（筑摩書房），『マインドフルネス・瞑想・坐禅の脳科学と精神療法』（編著，新興医学出版社），『パニック障害ハンドブック』（編著，医学書院），『マインドフルネスそしてACTへ』（星和書店），『新世代の認知行動療法』（日本評論社），ほか
訳　書　『食べたい！　でもやせたい』（共訳，星和書店），『心身医学』（共訳，学樹書院），『リラクセーション反応』（共訳，星和書店），『ACT（アクセプタンス＆コミットメント・セラピー）を実践する』（監訳，星和書店），『ACT（アクセプタンス＆コミットメント・セラピー）をまなぶ』（監訳，星和書店），『うつ病の行動活性化療法』（監訳，日本評論社），『メタ認知療法』（監訳，日本評論社），『不安・恐れ・心配から自由になるマインドフルネス・ワークブック』（明石書店，監訳），ほか

統合的方法としての認知療法
―実践と研究の展望―
ISBN978-4-7533-1053-1

編著者
東　斉彰

2012年11月12日　第1刷発行

印刷　新協印刷㈱　／　製本　㈱中條製本工場
―――――
発行所　㈱岩崎学術出版社　〒112-0005　東京都文京区水道1-9-2
発行者　村上　学
電話 03(5805)6623　FAX 03(3816)5123
©2012　岩崎学術出版社
乱丁・落丁本はおとりかえいたします　検印省略

パーソナリティ障害の認知療法──ケースから学ぶ臨床の実際
井上和臣編著
治療困難なパーソナリティ障害に CBT を適用する意欲的試み　　本体 3,000 円

統合的観点から見た 認知療法の実践──理論，技法，治療関係
東斉彰著
統合・折衷的心理療法としての認知療法の入門書　　本体 2,400 円

精神科臨床における行動療法──強迫性障害とその関連領域
飯倉康郎著
行動療法の実用性と柔軟性を症例と図表であざやかに提示　　本体 3,400 円

強迫性障害治療のための 身につける行動療法
飯倉康郎／芝田寿美男／中尾智博／中川彰子著
治療の現場から学ぶ使える行動療法　　本体 2,800 円

双極性障害の認知行動療法
D. H. ラムほか著　　北川信樹／賀古勇輝監訳
豊富な事例で明日からの臨床に役立つ　　本体 4,000 円

方法としての動機づけ面接──面接によって人と関わるすべての人のために
原井宏明著
適用範囲を広げ続ける「動機づけ面接」，本邦初の解説書　　本体 3,400 円

エビデンスにもとづく カウンセリング効果の研究
──クライアントにとって何が最も役に立つのか
M. クーパー著　　清水幹夫／末武康弘監訳
よりよい実践のための指針や手がかりとして　　本体 3,600 円

この本体価格に消費税が加算されます。定価は変わることがあります。